妄想レッスン

「現実は知らん力」で未来を変える！

アメブロ「妄想は世界を救う。」
かずみん

廣済堂出版

はじめに

私はこれまで「妄想」することによって、数々の願いを叶えてきました。

「妄想」は間違いなく、私の人生をつくってくれています。

さあ、みなさんもどんどん妄想してください！

……え？　今鼻で笑った方が、推定2万人はいましたよ。

「なんで妄想で願いが叶うの？」と不思議に思われた方、ちょっぴりお付き合いくださいね。

「妄想」はくり返すことで「現実」になる

実は**「妄想」と「現実に何かを見る」という行為は、同じこと**なんです。
「現実で何かを見る」という行為は、目で何かを見て、それを脳に送って映像を見ています。

一方、「妄想で何かをイメージする」という行為は、目では何も見ていないけど、脳にイメージが送られて映像を見ています。

心の目で見た映像も、心の声で聞いた音声も、心の手で触れた手触りにも、すべて脳は反応しているんです。

妄想することで思い描いたイメージや、妄想をしながら感じた感情は、潜在《せんざい》意識を刺激します。**潜在意識に何度もくり返し届けられた感情や、強烈に届いたイメージは、現実化していく性質がある**んです。

潜在意識は、とてつもないパワーを持っています。

「ただ頭に思い浮かべただけ」の妄想は、潜在意識を刺激するには足りないため、なかなか現実にはなっていきません。

ですが、ふわっとした一瞬だけの映像であっても、それを何度も何度も頭に思い浮かべることで、潜在意識には蓄積されていきます。

「望むもの」の写真を何度も眺める。「こうありたい」と望む姿を言葉にして何度も口にする……。

それに加えて、**妄想をして幸せな気分になり、その幸福感を臨場感たっぷりにリアルに感じるほど、潜在意識はそれが現実か空想上のものか区別がつかず、それを現実にする力を持っています。**

私はいつも幸せな妄想をすることによって、「私はこういったものが好きなの！」と潜在意識にインプットし、また、宇宙に「こういったものをください！」とオーダーしていたのです。

……え？　宇宙？　オーダー？　タイトルだけでも怪しさ満点の本書が、さらに怪しさを増しましたよ！

「あ、そういう話はニガテ……」と、5年前の私ならきっとすぐに本を閉じていたであろう、スピリチュアル的なものを感じさせるこれらのフレーズ。

不思議な力など何ひとつ持っていない私も、今までの出来事を振り返り、引き寄せの法則を知ったあとの自分の生活を見てみれば、いやでも確信せざるを得ません。

実際に願いが叶う前に、叶ったという感覚を体感し、先取りする。そうすることによって、その願いは現実にならずにはいられなくなるんです。

「願いが叶う前に叶ったという感覚を体感し、先取りする」

それには現実はそっと横に置き、「妄想」するのがうってつけ！

妄想は未来をつくる「種」になる！

「妄想が趣味です！」

と声高らかに宣言できる人は、少ないのではないでしょうか。

ちなみに私が自分の著書をAmazonなどで検索するときに「妄想」と入れると、検索結果にかなりオトナな本やＤＶＤがずらりと並んでしまい、ドキドキしてしまう毎日です。

きっと、「妄想」という言葉に対して「ちょっぴりアヤシイ」「なんだかいかがわしい」というイメージを持っている方が大半なのでしょう。

私も、自分のブログのタイトルを『**妄想は世界を救う**』に変更したときは、「みなさんからドン引きされるのではないか」とビクビクしたものです。

ところが、この選択が大成功！　だってこうして、「妄想」をテーマに何冊も本を出せるまでになったのですから！

奥平亜美衣さんの著書に出会い、引き寄せの法則の存在を知るまでは、私も「なぜだろう？」と不思議に思っていました。

でも、**妄想していた恋はすべて妄想どおりに叶っていく。「行きたい」と妄想した場所には次々と行けるし、「欲しい」と妄想したものは当たり前のように手に入る。**

自分のブログを多くの人に読んでもらい、本の出版という願いも実現し、「家でゆっくり仕事をしながら収入を得たい」という妄想も叶いました。

妄想は「たかが妄想」ではなく、現実逃避でもなく、未来をつくる「種」になるのです。

【本書の使い方】

1章では、妄想に必要な3つの力（「妄想力」「現実は知らん力」「受け取り力」）があなたに備わっているかを見ていきます。

2章以降では恋愛、お金、人間関係などお悩みごとに、3つの力のうちどれが必要か、そしてどんな考え方や妄想をしたらいいのかを具体的にご紹介していきます。

なお、してほしい考え方はしないほうがいい考え方はで示しています。

目次

Lesson 3

妄想でお金に困らない生活を手に入れる！

Lesson 4

妄想で「キレイ」と「健康」を手に入れる！

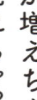

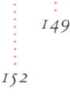

Lesson 5

妄想で好きな生活を手に入れる！

Lesson 6

妄想で人間関係をクリアにする！

Lesson
7

妄想でピンチを切り抜ける！

Lesson 1

「妄想」に必要な力を身につけよう!

たんに「妄想しよう！」と言っても、実際どうすればいいの？　と思いますよね。

妄想には、「妄想力」「現実は知らん力」「受け取り力」の3つの力が必要です。

なんて書くと、難しく思われるかもしれませんが、そんなことありません！

この3つは誰にでも備わっていますので、あとは正しく使って、「はじめに」でもお話しした**「潜在意識」**に働きかければいいだけなんです。

✿妄想を現実にするカギは「潜在意識」

え？「潜在意識って何それ？」って思いましたか？

あなたが「現実」だと認識している世界。実はそれは、意識の中のたった3％から出来上がっているものなのです。

詳しくお話ししましょう。

人の意識は大きく分けて**「顕在《けんざい》意識」**と**「潜在意識」**に分類されます。そして、これらの意識はそれぞれ、お互いに影響し合っています。

「顕在意識」は私たちが普段、認識している意識です。

「お金欲しいな～」

「彼と親しくなりたいな～」

「あの花キレイだな～」

「かずみんのブログは面白いな～」

おっと！　私の願望のような思考も入り込みましたが、こうやって「何かを思ったり考えたりしている」のは顕在意識で行われているのです。顕在意識は「自覚できる意識」と言い換えてもいいかもしれません。

続いて「潜在意識」はその名のとおり、私たちが気づいていないけれど確かに存在している意識です。いわゆる**「無意識」**と呼ばれるものですね。

もう忘れてしまっている記憶なども、潜在意識には蓄積されています。無意識でやっている習慣や思考の癖などは、この潜在意識が多大な影響を与えています。

「顕在意識＝自覚できている意識＝思考」はすべての意識の3％程度とされています。

「顕在意識＝思考」が自分そのものだと多くの人が勘違いしていますが、本当は、**多大な影響を与えているのは自覚できない潜在意識の部分。**それなのに、人々は「顕在意識」で考えていることがすべてだと思ってしまっているのです！

妄想は、この「潜在意識」に働きかけることが重要になってきます。

では、実際にどう働きかけたらいいのか、あなたの３つの能力をチェックしながらお話ししていきましょう!

「妄想」に必要な力① 妄想力

ではまず、あなたの**「妄想力」**を見ていきましょう。
次の質問のうち、当てはまると思うものにチェックを入れてください。

- □ **妄想が苦手だ**
- □ **頭の中に映像を思い浮かべることができない**
- □ **何を妄想したらいいのかわからない**
- □ **頭に浮かぶ映像が鮮明でない**
- □ **頭の中でストーリーを作れない**
- □ **周りに妄想族がいない（もしかしたらいるのかもしれないけど、隠れている）**
- □ **結局、妄想って何？**

当てはまった数が多かった方は、「妄想力」が足りないかもしれません。

でも大丈夫です。**「妄想力」を持っていない人はいない**し、「まったく妄想ができていない」という方もいません。

頭に思い浮かべるのが苦手なら、音を思い出しましょう。音を思い出すのが苦手なら、香りを思い出しましょう。香りを思い出すのが苦手なら、触感を思い出してみましょう。触感を思い出すのが苦手なら、味を思い出してみましょう。

それらもすべて「妄想力」です。

また、妄想で思い浮かべる映像は、鮮明じゃなくても、ストーリーがなくても、まったく問題ありません。

私の妄想も映像はぼんやりしているし、ストーリーなどまるでありません。ただ、気に入った映像やイメージを何度も頭に思い浮かべて、幸せな気持ちになっているだけなんです。

「妄想」を現実にするポイントは「妄想して幸せを感じる」こと

「妄想」を難しく考える必要は一切ありません。

妄想を現実にするのは、いくつかのポイントさえ押さえれば簡単なんです。

そのポイントをこれからご説明しましょう。

今までに私の著書を読んでくれたみなさまには復習になってしまいますが、いきますよ！「また～？」とか言わない！新たな発見があるかもしれませんから、復習は大事ですよ！

ではまず、ふっと頭に浮かんだ映像。ふわっと思い出した音や声、香り。優しい手触りに、大好きな味……。これらを頭に思い浮かべて幸せを感じてください。

「幸せを感じる」↑ここ、重要です！

「幸せを感じる」というと難しく感じられるかもしれませんが、ドキドキしたり、ワクワクしたり、ウキウキしたり、ホッとしたり、優しい気持ちになったり、胸がきゅーん！となったり、ついついにやにやしてしまったり……。こういった、何かしらの体の反応があれば、「現実になる妄想」は大成功。いやでも現実はそちらのほうに寄っていきます。

今、欲しいものは実際に目の前にはないのに、頭に思い浮かべて妄想することで、まるで本当にあるかのように体が反応する。

最新のｉＰａｄを手にしているところを妄想して、にやにやする。

南の島の海を妄想して、心が弾む。

大好きなあの人を妄想して、胸がきゅーんとしたり、ドキドキする。

これこそが、**「妄想が現実になる」カギ**なんです。

潜在意識は、より長くあなたが意識を向けているものや、感じている感覚を、現実に反映してくれます。

妄想をして幸せを感じれば感じるほど、また幸せがやってくるのです！

「幸せ」を感じる五感を使った妄想のしかた

そんな妄想は、誰にでもできます。

では少し、テストをしてみましょう。次のものを思い浮かべてください。

雪だるま

どうでしょう! 白くて丸いものがなんとなくでも浮かびましたか? 人によっては目や口があったり、バケツをかぶっていたり、枝の手がついている雪だるまをイメージした方もいるかもしれません。これだけで、**「視覚」**をバッチリ使っています。

では次に、好きな**「音」**を思い出してみましょう。

好きな彼の声、お気に入りの曲、秋の夜に聞こえてくる涼しげな虫の声、海辺で聞こえる優しい波と風の音……。自分を楽しくさせてくれるような音なら、なんだってOKです。

私は温泉が好きなので、流れ出るお湯の音や洗面器がカランコロンと立てる音を妄想したり、ディズニーランドの賑やかな音楽や人々の弾む声を思い出しては、行ったつもりになってにやにやしていますよ。

どんなにマニアックなことでもかまいません! 自分の心が楽しくなれば、それが正解です。

では次。好きな**「香り」**はどうでしょうか。

さわやかな気分になるせっけんの香りや、好きな花の香り……。

実際にアロマを焚《た》いていなくても、香りを思い出すだけでリラックスできませんか？

ちなみに私は、仕事中にグレープフルーツや海の香りを思い出させてくれるアロマオイルを使うことが多いです。……ちょこちょこ私のいらない情報が挟まれてきますが、私の真似をする必要はありません！　正解なんてものはないので、「自分が好きなもの」を選んでくださいね。

では、次のものを思い浮かべてください。

海

さあ、どうでしょう？　今、目の前にあるのは「海」ではなくて「本」なのに、ちょっぴりさわやかな気持ちになりませんでしたか？

青い海や、白い波が浮かんだなら**「視覚」**を、波の音が聞こえたなら**「聴覚」**を、さわやかな潮の香りを感じたなら**「嗅覚」**を使っているのです。

次に使うのは、**「触覚」**です。

触覚をフル活用してほしいのは恋愛妄想だったりしますが、もちろんどんな願いにだって、触覚はその実力を発揮します。

「欲しいものを手に入れる」という妄想で言えば、欲しいものを当たり前のように手にしている自分を妄想してください。最新のｉＰａｄを持っている感覚や、シルクのドレスに包まれているところ。自分の理想どおりの財布を使っているところ（財布ならば、ズッシリお札の重みがある感触を感じるのもいいですね！　現金派の方に限定されてしまいますが）などなど……。

「手に入ったらいいな～」「いつか買えたらいいな～」ではなくて、手に入る前から自分の妄想の中で本当に持っているかのように感じるんです。

え？「でも高いし……」「なかなか買えるものじゃない珍しいものだから……」？

そんなの知らん！

あれこれ手に入らない理由を見つければ見つけるほど、その欲しいものは遠ざかっていきますよ！　余計なことは考えずにただ「あれ、好きだな～」「手に入ったらこんなふうに使おう！　ウフフフ」と手に入れた喜びに浸ってみましょう。

さて最後は**「味覚」**です。

当然ですが、味覚は食べたいものを妄想するときにオススメです。好きなものの味を思い出して幸せな気分に浸る、という経験は、みなさんも無意識のうちにやったことがあるのではないでしょうか。

日常の「食べたいもの」を妄想する＝頭に思い浮かべることも、立派な妄想レッスンです。

たとえば、「今日のお昼はおそばが食べたいな～」と思うとします。

↓そばのビジュアルをイメージ……視覚を刺激しています！
↓そばをすする音を思い出す……聴覚を刺激しています！
↓そばの硬さ（茹で加減などの好み）を想像……触覚や味覚を刺激しています！
↓そばやわさびの香りを思い出す……嗅覚を刺激しています！

ね？　ただ食べたいおそばを妄想するだけで、かなり五感を使う妄想レッスンになっているでしょう？

そして実際におそばを食べると……やりました！　妄想が現実になりましたよ！

え、ふざけるなって？　いえいえとんでもない。大真面目に言ってるんです！

小さな妄想の現実化をくり返すことで、大きな願いが叶うようになる！

頭に浮かんだ妄想が現実になる。どんなに些細《ささい》なことでも、この経験を積み重ねることで、やがては大きな願いがスルスルと叶うようになります。

潜在意識にとって、願いに「大きい」も「小さい」もありません。 ただあなたが欲しいものを実際に手に入れる前に、手に入れたかのように感じる。それが妄想であろうと、リアルに感じるほど潜在意識はそれを本当のことだと認識し、それをまた現実のこととして実現する力を持っているのです。

１００円の臨時収入を願うのも、1億円の臨時収入を願うのも、潜在意識にとっては同じこと。潜在意識は「1億円なんて額が大きいから無理！」などとジャッジすることはありません。

そういうふうに**ジャッジしてしまうのは「自分の頭」のみ**です。

とはいえ、さすがに１００円と1億円を同レベルに考えられる人はごくまれだと思いますので、**日常のささやかな願いを大切にしていってほしい**のです。

「放った願いが叶う」という体験を重ねていくことで、大きな願いが叶うことに対しても抵抗が少なくなり、「叶う」ことが当たり前になっていきます。

「妄想力」は「どれだけ夢の世界に浸れるか」という力

最初の著書『ありえない「妄想」でお金も恋も引き寄せる!』(秀和システム)で、「私は想像力も妄想力もないと感じている」と書いたことがあります。ですが、私なりに「妄想力」の解釈をしてみましたので、ちょっとお聞きくださいね。

私が言う「妄想力」は「想像力」とはちょっと違います。

まず、「想像力」という言葉を調べてみると、

「心的な像、感覚や概念を、それらが視力、聴力または他の感覚を通して認められないときに、作り出す能力である。想像力は、経験に意味を、知識に理解を提供する助けとなり、人間が物事や現象を理解するための基本的な能力の一つである」(フリー百科事典『ウィキペディア』)

とあります。なんだか難しくて、残念ながら私の頭では理解できません……。

でもたとえば、人から何かをプレゼントされたときに「ああ、この人はどんな思いでこれを選んで、買いに行ってくれたのかな。嬉しいな。ありがたいな」なんて想いを馳せることは想像力を働かせているし、ちょっとくしゃみが出ただけで「ああ！きっと風邪だ！　どうしよう！」と悪いほうへ考えてしまうのも想像力です。

一方、**妄想力は、「どれだけ妄想の世界に入り込めるか」がすべて**です。

頭に浮かぶ映像なんてなんでもいいし、ほんの一瞬でもかまいません。自分が好きなもの、自分がなりたい姿をふと頭に思い浮かべる。自分の願いがすべて叶う、夢のような妄想の世界。この幸せな世界を「いやいや、ないない！」とあっさり否定してしまわずに、幸せな映像に身を委ねてしまう感覚。現実になるかどうかはひとまず置いておいて、妄想の世界にどっぷりと浸かってしまう力。これが私なりの「妄想力」です（注：私独自の解釈ですよ！）。

映画やドラマを観ていると、感情移入してしまって胸がドキドキしたり、せつない気持ちになることがありますよね。これらの**「疑似体験」も、なりたい自分、味わいたい感覚や感情を、潜在意識に届ける有効な手段**なのです。

妄想をするのもまったく同じ。他人事として妄想シーンを眺めるのではなく、妄想の世界にガッツリ入り込んでください。スポットライトを浴びているのはあなたですよ！　恋愛妄想の場合はもちろん、大好きなあの人もスポットライトの下で！

妄想の中で、言われたい言葉、体験したいこと、行きたい場所、食べたいもの、手に入れたいもの全部、好きなように作り上げてください。そして思いっきりにやにやするのです！

「妄想力」は人生を作り出す源

妄想を現実にする力は誰でも持っており、まったく難しいことではありません。人間だけでなく多くの動物が、自分が過去に体験したことや記憶などの様々なデータを元に、「きっとこの先もこうなるだろうな」と予測する能力を持っています。

ですが**「過去の体験＝未来」ではありません**。

人間は、「自分が経験していないこと」以外のことを頭の中に自由に思い描くことができるんです。そう！　それこそが妄想力。

1903年にライト兄弟が飛行実験に成功した当時は、有人飛行なんてものはまったく現実的な話ではなく、かすかな奇跡を追い求めるようなものでした。それでも彼らは「飛行機で空など飛べるわけがない」という当時の常識を「当たり前」にせず、「挑戦すること」を選び、「飛行機はきっと空を飛ぶ」という想いを現実のものにしたのです。

今、当たり前のように使用している家電製品などの便利なアイテムもすべて、誰かの「こんなものがあったらいいよね」という妄想から実際に作られ、形になったもの。物も人の願いも同じ！　**人生も、「こうなったらいいのにな」という妄想からすべては始まっていきます。**

私も、本なんて出したことがなかったけれど、「自分の本を出版する妄想」をしていたらそれが現実になりました。さらには「ウン百万円の収入を得る」経験なんて今までなかったけれど、頭の中で「ウン百万円の収入を得た私」になっていたら、それも現実になったのです。

自分にとって決して幸せとは呼べない「過去のデータ」を見ながら生きていくか、

今、目の前にはないけれど、自分を幸せにしてくれる「妄想力」を信じて生きていくか。

妄想力は妄想力でも、不安や心配事など、悪い方にばかり妄想力を働かせるのではなくて、「望むこと」「自分が楽しい気分になること」「幸せな気分になるもの」を頭に思い浮かべて、良いほうに妄想力を発揮してくださいね！

「妄想」に必要な力② 現実は知らん力

最初に述べたとおり、妄想を難しく考える必要はありません。**妄想に大事なのは、「現実」よりも「望むもの」に意識を向ける時間を、意識的に増やすこと。**

これが、妄想に必要な第2の力、**「現実は知らん力」**です。

では、あなたの「現実は知らん力」を見ていきましょう。当てはまるものにチェックを入れてください。

- □ 財布の中身を見ては落ち込む日々
- □ 体重計を見ては落ち込む日々
- □ なんとなく「まあ、こんなもんだろうな」と自分の未来を決めてしまっている
- □ 周りは現実的な人が多い
- □ 現実を考慮して願うことが多い
- □ 現実などまったく見ていないから、「現実は知らん」は完璧にできている

□結局「現実は知らん力」って何?

いかがでしたか? チェックが多い方は、現実ばかりを見ていて、「現実は知らん力」がちょっと足りないようです。

ではここで、次のお休みの予定を立ててみてください。

・のんびり過ごす
・近くの公園に出かける
・前から計画を立てていたぶらり旅に出かける

いいですね! だけど、こんな方はいませんでしたか?

「現実より希望が大事なんだよね? よーし、じゃあ今、全財産1万円しかないけど、世界一周旅行をする!」

……いやいやいやいや、それはちょっと待ってください。

いくら現実より望むもの、と言っても、それはただの「無茶」というものです。

では次に、来年の夏休みの予定を立ててみてください。

・沖縄旅行に行きたい！
・いやいや北海道でしょ。
・やっぱりハワイかな！
・今度こそ世界一周旅行だー！

素晴らしい！　来年の夏休みまで、時間はたっぷりあります。それまでは、「自分の本当の願い」に意識を向け、大切に育てる期間です。

この**「自分の願いに意識を向け、育てる時間」が願いを叶えるには大切**です。

より長い時間、意識を向けていることが「現実」になる！

「現実」になるのは、自分がより長い時間、意識を向けているものです。

多くの方は、今住んでいる家、今の収入、それに見合った生活、今自分を取り巻いている人間関係に恋愛模様など、「今、目に見えるもの」をリアルに感じています。

そしてこの「今、目に見えるもの」が、これから先の未来もずっと続くと、すんなり受け入れてしまうのです。

でも、それだとすごく普通じゃないですか。**「かずみんの本を読んでくれるようなあなたが、普通でどうするんですか!」**は合言葉ですよ!

「現実は知らん力」とは、今、財布の中に入っているお金が1000円でも、100万円が入っているかのように感じてそのように振る舞い、にやにやすること。たとえ財布の中に入っているのが100円だとしても、です。

目に見えているものは違うとしても、頭の中では好きなように妄想してください。

ふかふかの絨毯《じゅうたん》の上をふわふわのスリッパで歩いているところ、窓からは緑が見える十分なスペースがある浴室、窓から見える景色は海にしますか? 都会の街並みですか?

こんなふうに夢見て過ごすことこそが、**「ちょっとあほになる」**こと。つまり、**「現実は知らん力」**。

ちなみに、私の著書やブログでは、「ちょっとあほになる」は最高の褒め言葉であり、必須科目ですよ!

とにかく、**意識を「目に見えている現状」ではなくて、「望むもの」に向けていきましょう**。

望むものに意識を向けて「ああ幸せだな」「ああ嬉しいな」と感じた感情は、潜在意識に届きます。前にもお話ししたとおり、潜在意識に届いたものは、現実化していきます。

もちろん、「望むもの」は人それぞれ違います。

豪邸だからいいというわけでもないし、賑やかならいいというわけでもない。自分だけの「本当に望むこと」を知ることはとても大切です。

「今の収入から、理想的な生活を送れるとはとても思えない」と感じる方も、もちろんいることでしょう。心配はいりません。**「現実」を見る必要はない**のです。

現実は無視して望む世界を見つめる。そしてまるでそれが叶ったかのように、体感してみる。そうすることで潜在意識はそれを現実のものとするために、せっせと働いてくれます。

今、自分を取り巻く環境が望んでいないものであったとしても、人は現状維持に安心する性質があるので、それに慣れようとしてしまいます。**目を向けているものが、現実になる**からです。

でも、「今の現実にちょっぴり不満はあるけど、まあまあ幸せだしな～」という方も、「今の現実はイヤなことばかり！　変えてしまいたい」という方も、現実を変えることはいくらでもできます。

思えば私も、恋愛系の望みはすぐに幸せな妄想の世界に旅立てるのに、苦手分野であるお金に対しては、「この収入の中でやりくりして、これぐらいの生活基準で……」と、現実的でした。

いくら妄想癖があろうとも現実を生きているわけですから、それが当然なのですが、朝起きた瞬間に「さて、今日は１００万円持ってどこに出かけよう」とにやにやし、理想的な家に暮らしている自分になって生活することは誰でもできるのです。

「現実は知らん力」は妄想の世界へ旅立つ力

「現実は知らん力」の活用方法はいろいろありますが、**一番大きいのは、「現実はとりあえず横に置いておいて、妄想の世界へ旅立つ」こと。**

これは言わずもがな、「現実は知らん力」の最高峰の使い方ですね。

願うときは、「現実は知らん力」をフル活用しましょう！

現実なんてほったらかしにして妄想の世界へ旅立つことで、

「叶った状態になる」

「自分が望むものに意識が向く」

「幸せな波動になる」

「なんか楽しくなる」

という効能があります。

この章のはじめに、自覚できている意識（顕在意識）は全体のたった3％というお話をしました。つまり、今、すっごく悩んでいても、それは頭のたった3％で悩んでいるだけのことなんです。

たとえ今「お金ないな～」と考えていても、それはたった3％で考えているだけのこと。頭が「お金ない」でいっぱいになっているのは、頭の中に100人住んでいるあなたのうち、たった3人だけが、「お金がない」と言っているだけなんです。

ね、すごくささやかでしょう？ ですから、心配事や不安な思考が現れてきたときは「ふーん」で済ませておきましょう。

「妄想力」と「現実は知らん力」を駆使して先取りすることで、潜在意識は、それが現実になるために必要な手段や方法を教えてくれます。

「どうやって叶うか」を考えるのは自分ではなく、潜在意識です。「あっ！」と驚くようなやり方で、願いを叶えてくれるんですよ。

現実を無視しようとするあまり、現実から逃げてはいけない

しかし、「現実は知らん力」を活用する際に、気をつけてほしいポイントがありま

す。それは、**「現実を無視しようとするあまりに、自分の感情まで無視してしまう」こと。**

望んでいない何かが起きたとき、「イヤだな」「つらい」「ちょっとしんどいな」「うわー、大変なことが起きた！」といった反応が出るのは当たり前のことです。

反応しているのが頭の中の自分１００人のうち３人だとしても、その３人のパワーが強力すぎて、圧倒されてしまうこともあるでしょう。

そんなときは、無理に「ふーん」と受け流そうとしなくてもかまいません。

自分の感情が「イヤだ」「つらい」「しんどい」と言っているのに、「いやいや大丈夫！　現実は見なくていい！　だからしんどくない！」なんて、自分の気持ちをごまかしたりはしないでくださいね。

つらいことが起きたときは、「大丈夫！」と無理やり思い込もうとしたり、目をそらそうとしないで、まずは現実（起きた出来事）を受け入れてください。

「望む未来」＝ゴールに意識を向けることはとても大切です。

そして、それと同じように**「現実」、つまり「スタート地点」にきちんと目を**

向けることも大切なんです。

チェックポイントの中で「現実などまったく見ていないから、『現実は知らん』は完璧にできている」という問いがありましたが、「これのどこがいけないの？『現実は知らん』ができてるじゃない！」と疑問に思われたかもしれません。

たとえば、今あなたが沖縄に行きたいと思っているとします。だから南へ向かおうとする。でも、スタート地点がオーストラリアだったら？　いくら南に進んでも、沖縄は遠ざかっていくばかりですね。

「スタート地点」、つまり「現実」を知る、というのはこれと同じことなんです。

現実＝スタート地点に目を向けて、今の自分の状況をちゃんと知る。

「今の自分は本当の自分の姿じゃない」「今の現実は全部ニセモノだ」と現実をすべて否定してしまうのではなく、現実がどれだけ望まないものであろうと、自分のスタート地点をしっかりと知り、そのスタート地点からゴールまで必ずたどり着けると信じてください。

現実がつらいからと逃げようとすればするほど、その「問題」はついてまわります。

「問題」をいつまでも「問題」として扱っていると、いつまでもついてきてし

まうんです。

何かが起きたときは「つらい」「もうイヤだ！」で大丈夫。でも、少し落ち着いたら、

「今はつらい現実だけど、これは何か意味がある出来事なんだ」

「この出来事は私が成長できるチャンスなんだ」

と、自分に無理のない範囲で「良い出来事」に変換し、**「問題」を「問題」として扱わなくなると、問題は解消していきます。**

「イヤな気持ち」は受け止めてから、良いことに心を向ける

たとえば、子育てをしているお母さんなら何度か直面してしまうかもしれない「子どものお友達関係」の悩み。

親は子どもが毎日楽しそうに笑って、お友達とも仲良く過ごしてくれることをいつも願っています。ですが、人生はまるでロールプレイングゲーム。先にある宝箱を手に入れるために、いくつかのミッションをクリアしなくてはいけないときもあります。お友達に意地悪されたり、孤立してしまってさみしい気持ちになったり……。いくら親が「現実は見るな！　大丈夫だから」と子どもの背中を押しても、「どこが大丈夫やねん」と子どもだってツッコミたくなることでしょう。

ですから、「そっか、つらかったね」「それはイヤな気持ちになるね」と、まずは「その出来事」を受け止めること。もしあまりにも理不尽な出来事だったら、「なんじ

ゃそりゃー!!」と大爆発してしまいましょう。

そして自分の感情を受け止め、吐き出したあとは、「じゃあどうなったら嬉しいのか」を考えます。子どもが毎日笑顔で、友達関係も、勉強も、遊びも、楽しんでいる。そんな様子を頭に思い描いて、「こうなったら嬉しいよね」とホッとする気持ちを感じてみましょう。

そして今は「そこに向かうための通過点」「つらいかもしれないけど、学びの場にいる」と、捉えます。「この出来事のおかげで、子どもも私も強くなれる」成長のチャンスと捉えるのもいいですね!


これはもちろん「他人の状況」だけではなく「自分」にも当てはまります。

つらいことがあったらその気持ちに寄り添い、その後、「キミは大丈夫だ」と良いパワーを送ってみてください。

イヤなことがあったときに「イヤだな」と反応するのは当たり前のこと。これは何ら、悪いことではありません。ですが、先ほどもお話ししたように、いつまでも「イヤだイヤだ」とそのことばかり考えていたり、どうにかしようとすればするほど、イヤな出来事はついてまわるのです。

潜在意識は良いも悪いも、望むも望まないも区別がつかず、「思い」を引き寄せます。ですから、イヤなことばかり考えていたら、そちらのほうへ引き寄せられてしまうのです。

「イヤなことにとらわれている時間」をゼロにまで減らすのではなく、40%ぐらいにまで下げてみる。

さらには、イヤな出来事を良い出来事に変換しようとしてみたり、「こうなったらいいな」と思う世界の妄想をしてみたり、おいしいものを食べに行ったり、ふて寝してみたり……。

こうした思考の修正を繰り返すことで、自分の思考の癖や習慣は必ず変わっていきます。

「現実は知らん力」で、都合の悪い現実を塗り替える!

今お話ししたことを踏まえたうえで、「現実は知らん力」の使い方がもうひとつあります。それは、「都合の悪い現実を、自分の都合が良いように塗り替える」というもの。

たとえば、お金を望んでいたはずなのに、いつにも増して出費が増えるなど、自分が望んでいないような出来事が起きてしまった場合。

こんなとき、「ああ、やっぱり私がお金を望んでもダメなんだ……」なんて、目先のことで判断してしまってはいけません。

数十万円の出費があったとしても、長い目で見たら大したことはありません。

「この出費は、この先億万長者になっちゃうために必要な出来事なんだ！」

無理やりでもいいんです。そう決めてしまいましょう。

起きた出来事は、もう変わりません。それならば好きなように自分の中で「設定」を作るのです。起きた事実は変わらないけど、自分の考え方や感じ方はいくらでも変えることができるのですから。

「今感じていること」と同じもの、またはそれと似たものが、次の現実を連れてきます。

今、嬉しいと感じていたら、また「嬉しい！」と感じるような出来事が起きる可能性が高いですし、今イライラしていたら、またイライラするような出来事が起きる可能性が高い。そしてまたイライラして、さらにイライラするような出来事が起きてしまう、というわけです。

体験したい未来が「幸せ」であるなら、今、1ミリでもいいから「自分が幸せを感じるような思考・行動」を選んでいきましょう。

「今、感じる」ということは、潜在意識を反応させて、「未来にまたこんな感情を体験させてください」とオーダーしているのと同じことです。

起きる出来事は一つでも、感じ方は人それぞれ。「感じ方」の選択肢を増やすことで、「なんだよ！」というような出来事も「ありがとう」と感じる出来事に変化するかもしれません。

ぜひ「現実は知らん力」を高めて「今、幸せを感じる」プロになってください！

「望んでいない状態の今の現実」をいつも見つめ続けることはないし、未来もずっと今のままの状態が続くのだとあっさりと受け入れる必要もないのです。

「妄想」に必要な力③　受け取り力

現実はとりあえず横に置いておいて、妄想する。それはなんとなーくわかった。

「だけど、どうやって叶うの?」

「とても叶うとは思えないんだけど」

もしそんなふうに思ってしまうなら、次は**「受け取り力」**を強化しなくてはいけません。

それでは、あなたの「受け取り力」を見ていきましょう。当てはまるものにチェックを入れてください。

- □完璧主義なところがある
- □照れ屋だ
- □人に優しくしてもらうと、申し訳なく感じてしまう
- □メールに「返事はいらないからね」と書いてしまう癖がある

□自分への評価が低い
□そんなにお金持ちにならなくてもいい
□結局「受け取り力」って何？

チェックが多かった人は、「受け取り力」が足りていないようです。では、どうしたらいいのでしょう。

思い込みを捨て、肩の力の抜き方を覚えよう！

「受け取り力」が弱い人は、自分を取り巻く世界が「それでいいよ」「もっと受け取っていいよ」と言ってくれているのに「このままの私じゃダメ」「私には受け取る資格なんてない」と**自ら受け取り拒否をしている**可能性があります。

「受け取り力」も、思考癖や強い思い込みなど、自分の内面へアプローチしていくことが大切になります。

まずは、自分の思い込みを見つめてみてください。

たとえば、自分にも他人にも無意識のうちに「○○しなければならない」「○○でなければいけない」と完璧を求めてしまう完璧主義の人は、幼い頃に親から繰り返し言われたことが元となり、自ら思考や行動を制限してしまっていて、「理由もなく受け取ること」が苦手な人が多いようです。

心理学では、その人の行動を駆り立てる作用を持つ、次の**「5つのドライバー」**という考え方が知られています。

(1) 完全でなければいけない

子どもの頃に「しっかりしなさい!」「ちゃんとしなさい!」と叱られてきた人は、「私はちゃんとしていないと認められないんだ」という思いが強くなってしまい、常に完全を求めて、自分にも他人にも厳しくなる傾向にあります。

(2) 他人を喜ばせなければならない

自分の気持ちよりも、人を優先させることを求められてきた人が、無意識のうちに抱えてしまう思考です。「他人に優しくして喜んでもらわないと、自分には価値がない」と感じてしまう傾向にあります。

(3) 努力しなければいけない

「いつも一生懸命やること」を強いられてきた人が持ちやすい思考です。楽をしたり怠けてはいけないという固定観念があり、いつも頑張りすぎてしまう傾向があります。

(4) 強くなくてはいけない

親から「泣くな」「それくらい我慢しなさい」と言われ続けた人が、「弱さを見せちゃいけない」と思い込んでしまう思考です。「自分の感情を出しちゃいけない」「全部一人でがんばらなきゃいけない」という思考を強く持っています。

(5) 急がねばならない

親から「早く!」「もっと急ぎなさい」と繰り返し言われた人は、じっとしていることが苦手で、いつもせかせかと急いでしまう傾向にあります。のんびりすることに耐えられず、スケジュールが埋まっていないと不安に駆られます。

これらの思考が強い方は、

(1) 人は完全にはなれない。むしろ不完全なほうがパーフェクト!

(2) 他人よりもまずは自分を喜ばせるのが先!

(3)いつも全力じゃなく、適当も大事!
(4)弱い自分を見せてもいいよ!
(5)急がなくても自分のペースで大丈夫!

と肩の力を抜いて、思考を見直し、完全じゃない「自分」と「他人」を受け入れるスペースを作ってください。

過去のちょっとしたミスや、恋人とケンカ別れした体験など、過去の出来事を思い出して「あー、私ってダメだ」と何度も自分を痛めつけることはありません。**過去のうまくいかなかった出来事も、許し、受け入れてください**ね。

ちなみに私も、「5つのドライバー」を全部持っていました。なんとしんどい生き方をしていたんでしょう! 親からそんなに厳しく育てられたわけではないのですが、今考えると、「いい子でいなきゃ」という思いが強かったのかもしれません……。

小さな「妄想の実現」を受け取ることから始めよう!

自分の人生を大きく変える大事なポイントは、ささやかに思えることでも大切に、コツコツとやっていくことです。

ですから、たとえば**「おそばを食べたい」→「おそばを食べる」といった些細なことでも、「願いが叶った！」としっかり受け取って喜んでいきましょう！**

なんだかバカバカしいと思いますか？　違います！

人はどうしても、「これは叶わないんじゃないか」「これが叶ったから、これは無理かも」「こんなに欲張っちゃバチが当たるんじゃないかしら」と、無意識のうちに〝叶わない理由〟〝叶わなくていい理由〟を探してしまいがちです。

「月に５００万円のお小遣いが欲しい！」と思っても、「いやいや、そんなの無理に決まってるよ」と、願う前から願うこともしないで、あきらめてしまう。

この思いが、願いの実現を妨げてしまうのです。

自分が本当に欲しいものを知り、願って、それが叶うことを受け取る。これが、大切なポイントです。

世の中には、宝くじで高額当選をした人も、とんでもない豪邸に住んでいる人も確かに存在しているし、幸せな家庭を築き、仕事でも成功している方もたくさんいるのですから、欲張ってかまわないんですよ！

ちなみに、私はいつも「今実際に用意できる金額」よりも少し上のランクの旅行に行きたい、と願います。

たとえば今、格安で沖縄に2泊3日で行けるお金はあるとする。だけど本当は、もう少し高いホテルに泊まり、5泊6日ほどで行きたいと願っているとします。お金もない、時間もないかもしれない。だけど行きたい。そういう場合は素直に「ちょっぴりいいホテルに5泊6日で行くつもり」になってみるのです。

そうすると、あら不思議。仕事が入ってきたり臨時収入があったり、高いと思っていたホテルや航空券を思っていたより安く確保できるなど、なんらかの手段を潜在意識がプレゼントしてくれるのです!

「ただ願うだけ」なのでお金もかからず、なんの苦労もありません。だまされたと思って、一度試してみてください。

攻略すべきは頭の深いところにある潜在意識なので、一度や二度失敗しても気にしない! **チャレンジを積み重ねることによって、「叶う」が当たり前になってきますよ。**

現実を見てから願うのではなく、まずは純粋に願うことから、現実がついてきます。**自分が先で、結果はあと**です。

願う際に遠慮する必要はまったくなく、願えば願うほど宇宙は「うん、いいよー！」と私たちに与えてくれます。宇宙は太っ腹なのです！（経験上、自信を持ってこう言えます）

願ったら、宇宙は与えてくれる。それをしっかりと受け取る。**人の「優しさ」や「愛情」、「お金」や「幸せ」をしっかり受け取る力。また、それらを受け取ることを許す力を高めることも、幸せな未来を引き寄せるために重要**なのです。

「結果」が出る前に「結果」を決めるのをやめる！

とはいえ、私も100円や200円の引き寄せは簡単だと感じているけど、6億円の引き寄せは難しいと思っている部分があります。

でも、無理に「6億円を引き寄せることなんてカンタン！」と思う必要はありません。

こういうときは、「もしも6億円あったら、あんなことやこんなことをして……」とにやにやして楽しい気分になってみる。6億円にこだわらず、自由にお金を使える喜びを味わってみる。**「余計な思考」に目を向けない**で、放っておくことを意識してみましょう。

「結果」が出る前に自分で「結果」を決めてしまうことはありません。

せっかくなら、「うまくいく」とすべて良い結果になると決めてしまいましょう。引き寄せというのは、いかに抵抗をなくして、ただうまくいくことを「受け入れる」かが大事なのです。

今、銀行口座に6億円は入っていないけど、財布に1万円はある。素敵な彼もいないけれど、仲良しの友達はいる。一人で好きなことをして過ごせる時間とお金はある。「ない」ほうに意識を向けて「ない、ない」と文句を言っていても、大金や素敵な王子様は手に入りません。それなら、少しでも「ある」に意識を向けて楽しい気分になっていたほうが、幸せではありませんか。

人は、多くのことが順調に進んでいても、うまくいっていない些細なことに目を向けてしまいがちです。

しかし、**うまくいかないことに目を向けてばかりいると、せっかく存在している良い部分を見失ってしまいます。**

私も少し前、ある方からの仕事のメールの返事を待ちわびていました。少しでも早く返事をもらって仕事を始めたいのに、1日経っても3日経っても返事が来ない。「どうしたんだろう」「具合でも悪いのかな」「私なんて後回しなのかな」「ちゃんとメールは届いていたかな」……私の頭の中は、良くない妄想でいっぱいです。

書くことを仕事にしていて、ブログはたくさんの方が読んでくれている。これから先、楽しい旅行の予定もたくさん待っている。自分も家族も健康に過ごしている。

こんなにも「ある」であふれているのに、「欲しいメールの返事が来ない」という、ほんの少しの心配事で頭がいっぱいになってしまっていたのです。

これではいけません！　こんなときこそ、思考を修正していかないといけません。

「メールが来ないからって、それがどうした！」。返信が来なくてもご飯はおいしい、ちゃんと歩ける、目も見える、お月様はキレイ。ほら、いいことばかり！

そして相手を責めてしまう波動が出ないように、寝る前や起きた直前の頭がぼんやりしている時間に、「あ、返信が来た。よかった」と感じている自分をぼんやり妄想してみました。それに返信が来なければ、仕事を始められませんから、これを逆手にとって、「本をゆっくり読む時間がある!」とプラスに捉えることにしました。

するとその翌日、待ちわびていた返信は届き、無事に仕事に取りかかることができました。

「ある」ほうに意識を向けて、「そんなに悪くはないかも」と少しでも幸せを感じる。そうすることで、宇宙は「はい了解!」とまた幸せに感じるようなことを、プレゼントしてくれるのです。

遠慮なんてしないで、そして「今あるもの」に意識を向けながら、受け取り上手になっていきましょう。

潜在意識の畑にどんな花を咲かせるかはあなたが決める！

あなたが頭の中で思っていること、口にしている言葉、思い浮かべている映像は、潜在意識に蓄積されていきます。

そしてそれが良いことであろうと悪いことであろうと関係なく、潜在意識はそれを素直に受け止め、実現させようと一日も休むことなく頑張ってくれているのです。

潜在意識はなんて健気《けなげ》なんでしょう！

そんな潜在意識を畑にたとえてみましょう。

ここに二つの畑があります。

おや？　一つの畑には、

「うまくいかない」

「私にはできない」

「成功しない」

「願いは叶わない」

「愛されない」

このような思考で出来上がった種が、たくさん眠っているようです。

もう一つの畑には、

「うまくいく」

「私にはできる」

「成功する」

「願いが叶う」

「愛される」

このような思考で出来上がった種が眠っているようですね。

これから自分が口にする言葉、頭に思い浮かべるイメージ、何に意識を向けて生きていくか。それによって、どちらの畑に水を撒くかが決まってきます。

ポジティブな思考のみ、またはネガティブな思考のみで出来上がっている人は存在しません。人はみな、必ず両面を持ち合わせています。

ですが、**どちらにより意識を向け、どちらの畑を育てるかは、自分で選べます。**

あなたはどちらの畑に、水をあげますか？　そして、どんな花を咲かせましょうか。

Lesson 2

妄想で愛を叶える!

潜在意識には「うまくいく」の畑と「うまくいかない」の畑があると言いました。

それでは、どのような思考・行動が「うまくいく」畑を育てるのか、また「うまくいかない」畑を育ててしまうのはどのような思考・行動か、ここからはお悩み別に、実際に見ていきましょう。

まずは恋愛に関するお悩みです。


なお、必要な力の「妄想力」「現実は知らん力」「受け取り力」は、恋愛に限らずすべてのお悩みで活用しないといけないものですが、その中でも特に強く力を発揮するものをご紹介しています。

1章のチェックリストで自分に不足していると感じた部分を重点的に見ていくのも効果的ですよ。

恋愛経験がない

必要 妄想力

「妄想しなきゃ！　でもどう妄想したらいいかわからない……」

「胸をときめかせてくれる映画、ドラマ、漫画にうっとりしよう」

今、自分が感じている感情や、自分がまとっている波動と同じものが、現実の出来事としてやってきます。

そのために大事なのは「上手に妄想すること」ではなくて**「今、幸せを感じること」**。

自分が「素敵だな」と思える映画やドラマを観たり、漫画を読む。それがテレビやスクリーンの中であっても、漫画の中であっても、幸せな映像は潜在意識に刻みつけられます。

本を読んだり、映画を観たりして、その中の登場人物に「なりきる」という疑似体験でも引き寄せ効果があります。

素敵なラブストーリーを観たり、本で他人の成功体験を読んで「なんて素敵なの！」と、登場人物になったつもりで感情移入しまくる。

潜在意識は、現実も妄想も自分も他人も区別しません。疑似体験であっても、潜在意識は「深く刻まれたこと」を現実のものにする力を持っています。

ですから**「妄想してどっぷり幸せな感情に浸る」のも、「映画やドラマを観て幸せな感情に浸る」のも、同じ幸せ効果がある**んです。

何気なく観た映像や、ふっと口にしている言葉も、潜在意識はキャッチしていくので、自分の胸をときめかせてくれるものを何度も見て頭にインプットして、「自分のもの」にしていきましょう。

すると、「キレイ！」「素敵！」「いいなあ！」と感じた感情が、また嬉しい出来事を呼び寄せてくれます。

願いを叶えるための手段は妄想だけではありません。

ドキドキする映像、胸をときめかせてくれる言葉、自分を幸せな気分にしてくれる素敵な男性。これらをどんどん、潜在意識にインストールしていってくださいね！

出会いがない

必要 妄想力

「まあ、そう簡単に出会いなんてあるわけがないよね……」
素敵な彼と出会ったとき用にトラベルグッズを用意！

「どこかに素敵な人がいないかな～」なんて思いながらも、「いい男なんてどこにもいない！」「素敵な人はもう結婚してるしね～」「女性ばかりの職場だから、出会いがなくて当たり前」なんて言葉にしたりはしていませんか？

「まあ、今は今でそれなりに楽しいかな」「一人でいるのも気楽かな」「今は仕事や趣味が楽しいしな」「素敵な人と出会っても私のことなんて好きにならないだろうし、出会いなんてなくていいや」なんて思っていませんか？

出会いが欲しいと言いつつ、そんなふうに思っている人は、「出会いがない」ことへのメリットを探してしまっているのです。

恋愛をしていないから不幸、ということではもちろんありませんが、恋愛をしていても仕事や趣味をやめる必要なんてもちろんないし、好きな人がいるだけで、何気ない日常も輝き出すものです。

「素敵な人と出会いたいな」という願いが生まれたなら、まずはその気持ちを大切にしてください。

そして**「素敵な人と出会う」ことを目標地点に設定しておけば、無意識はそちらに向かわせてくれます。**女性ばかりの職場など、現状がまったく出会いがないと感じられる環境であっても、関係ありません。

ふと行った本屋さんで隣に立った人が運命の人かもしれないし、初めて行く美容院の美容師さんが運命の人かもしれません。はたまた、友達の友達のまたその友達が、運命の人かもしれません。

人生なんて、可能性のかたまり。**「出会いなんてあって当たり前」**なんです！

ですから、素敵な彼と出会ってお付き合いが始まったときのために、トラベルグッズを用意しておきましょう。

彼と旅行に出かけたとき、彼の部屋にお泊りに行ったときなど、自分が一人暮らしであっても、必ずトラベルグッズが登場するときが来ます。可愛いパジャマを用意しておくのもいいですね!

そのときは、この本で読んだからといってなんとなく探しに行くのではなくて、**「好きな彼と旅行に行く私」**になってしっかり選びましょう。

自分が普段から使っているスキンケア化粧品にするか、それともいつもとは違う、スペシャル感漂うものにするか。ふわふわのヘアバンドを買ってみたり、女性らしいパジャマを選んでみたり……。

さあ、頭の中でまだ見ぬ彼の声を聞いてください!

「そのパジャマ、かわいいね」

「シャンプー、いい匂い」

彼と初めて一緒に過ごす夜に意識を向けてドキドキしながら、今すぐ用意してください。そのトラベルグッズが使われる日が、必ずやってきますよ。

太っているから彼氏ができない……

必要
受け取り力

「こんなんじゃダメ！　まずは痩せなきゃ！」

「あら、結構セクシーかも」

痩せてるから魅力的で、ぽっちゃりだから魅力的じゃないというのは、あなたの思い込みです。

痩せていても、ぽっちゃりしていても、魅力的な人は魅力的。

ただ、自分の理想的な体型があるなら、その姿に近づくために頑張ってみるのも、自分の願いを大切にする素敵な行動です。

だけど、「今の自分」を自分が気に入っているなら、自分らしさをなくしてまで、願いを叶えようとか愛されようとしなくてもいいんです。

変わろうとすることも自分への愛だし、「それでいいよ！」と言ってあげる

今の自分が好き!!

ことも、自分への愛です。

それができたとき、現実もいい方向に動いていき、「そのままのあなたがいい」と言ってくれる男性は、きっと現れますよ！

理想の人と出会いたい

必要 受け取り力

「理想の人はどこにいるの？　どこにもいないんだけど‼」

「まずは自分が輝いてみよう！」

理想の人を探すよりも、自分が理想の人になりましょう。

何も、筋肉ムキムキになることはありません。まずは、自分が精一杯輝くこと。

それには、自分が好きなことを思いっきりやることです。

服が好きな人は、自宅でファッションショーを、メイクが好きな人は自宅でメイクコンテストを開催する。本が好きな人は本を読みふける。映画が好きな人は映画三昧の1日を作る。花が好きな人は花を育てる。料理が好きな人はレシピを増やす。

そして、妄想が好きな人は妄想にふける！

「なんとなく」テレビやネットを見ることに時間を費やすのではなくて、**本当に自**

分が好きなことをする時間を増やしてください（好きなテレビ番組があったり、ネットを見ることが大好きという方は、それももちろん「好きなこと」ですから、それをしてください！）。

それだけで十分なんです。たったそれだけで、自分の魅力はどんどん増していきます。


「好きなことをしていれば、自然と素敵な恋愛も引き寄せられる」

「好きなことをしていれば、自然と願いも叶う」

これらはもう飽きるほど何度も目にしているフレーズかもしれません。

ですが結局、**私たちは「自分の中にあるもの」しかオーダーできない**んです。

「いつもイライラしている人」は「いつもイライラしている人」を引き寄せます。

「いつもイライラしている人」が「おおらかな気持ちを持った優しい人」と出会うことはあっても、優しい人がいつもイライラしている人に魅力を感じることはなく、いつしか離れていってしまうでしょう。

「キラキラ輝く王子様」と出会いたいなら、まずは自分がキラキラ輝く存在になってしまいましょう。

もう素敵な人が近くにいる、というあなたは、あなたも間違いなくキラキラ輝いている素敵な存在だということです。自信を持ってくださいね!

今、「彼氏がいないから、毎日がつまらない」と思っている方。

「彼氏がいないから毎日がつまらない」のではなくて、本当は「毎日がつまらないと思っているから彼氏がいない」のです。

「彼氏がいない」と「毎日がつまらない」はイコールではありません。今、恋人がいなくても、毎日楽しそうに過ごしている女性はたくさんいますよね。

「毎日がつまらないのはなんでだろう?」→「彼氏がいないからだ」という思考になってしまうと、「私の毎日を楽しくするために彼氏が欲しい」という考えになってしまいます。

「素敵な彼氏ができる→毎日が楽しくなる」だと、**「現実→思考」**の順番になっています。

幸せを引き寄せるのは「思考→現実」の順番ですから、

毎日が楽しくなる→素敵な彼氏ができる

という方程式が正解です！

動かすのは「彼氏がいない」という現実ではなくて、「毎日がつまらない」と感じている自分の思考。

普段の日々の中で少しでも「いいな」と思える部分を見つけていくことで、必ず現実は良いほうに動いていきます。

出会いの場に出席してみる

必要 受け取り力

「どうせ素敵な人なんていないだろうな……」と思いながら出席

「とにかく今、この場を楽しもう!」と考えて出席

大切なのは「どう行動するか」ではなく、「自分がどこに意識を向けているか」です。

たとえイケメン揃いの出会いの場に出席しても「私のことを選んでくれる人なんているわけない」と思っていたら、そのとおりの現実になっていきます。

逆に、毎日ご機嫌に過ごしていたら、ご機嫌な現実がやってきます。出会いの場に出席しなくたって、近所のスーパーで素敵な人と出会うかもしれないし、宅配便のお兄さんが運命の人かもしれない……。どこに出会いが待っているかはわからないのです。

「行きたい！」と感じたなら行く。「気が乗らない……」と感じたなら行かない。

第六感は、嘘をつきません。頭で「こうしたほうがいいかな」と考えた選択よりも、「自分の本当の気持ち」を信じてくださいね。

そして、せっかく出会いの場に出席すると決めたなら、その場を思いっきり楽しみましょう。

今日、パーティー（か何かはわかりませんが、素敵な出会いの場）に自分が出られる奇跡。その奇跡をきちんと受け取っていきましょう！

そこで素敵な出会いがあるかどうかは置いといて、素敵な服を着て、たくさんの人とお話ができて、おいしいご飯も食べられる！　その幸せな時間を楽しんでしまいましょうね。

そんな積み重ねが、きっと幸せな未来につながります。

必要
現実は知らん力

片思いをしている

「今も片思いだし、これから先も片思いが続くんだわ……」

「彼とあそこに行ってあのレストランで食事して、あのホテルにお泊まりする！」

そっけない彼、彼女がいる彼、愛してくれない彼を、わざわざ何度も思い出しては自分の中で一生懸命育ててはいませんか？

今の現実がこれから先もずっと続くと思ってしまうのは、陥りがちな思考の罠です！

現実と少し先の未来は、まったくイコールではありません。つまり、今は片思いという状況であっても、この先もそうだと決めつける必要はないんです。

「私を幸せな気分にしてくれない彼の情報」よりも、彼のことを「好き」だと思う自分の気持ちを、何より大事にしてあげてください。

「見たいもの」を選択していいんです。自分がより長く見ているものが、次の現実をつくってくれます。

また、妄想の中でまできちんとプロセスを踏もうと頑張る必要はありません。手順を踏む必要はありませんが、もし、「今は片思いだけど、こんなふうに恋が進んでこんなふうに告白されて、そして3ヶ月後に彼の部屋に行って……」と頭の中で経過をたどり、その場面を妄想して「うふふ」と幸せな気分になるのなら、どんどん幸せなストーリーの脚本を書いてください!

頭の中に思い描いたストーリーがそっくりそのまま現実になるとは限りませんが、妄想しながら感じている幸福感は必ず現実のものになります。

妄想以上の現実がやってくるのもよくあることなので、「絶対に妄想どおりに進んでほしい」と思いすぎないことをおすすめします。

「恋とはこうあるべきもの」と眉間にしわを寄せて頭で考えているだけの状態なら、「どうやって恋が叶うの」なんて考えは放り投げてしまいましょう。

どの願いでも共通ですが、「手段」を考えるのは自分ではありません。

妄想力や現実は知らん力を刺激することでスイッチを押された潜在意識が、「よし来た!」と手段を導き出してくれます。そして、自分では到底思いつかないような驚くべき方法で願いを叶えてくれることも多々あるのですよ。

プロセスは放っておいていいんです。頭の中ではもうすでにあなたと彼はお付き合いしています。お付き合いしていていいんです!

あなたが好きな彼も、あなたのことが大好き。その世界はもうあなたの頭の中に、すでに存在しています。

その幸せな世界を何度も頭の中に思い描くことで、それは現実になっていきます。

必要 受け取り力

自分に自信がない

「自信が持てるものをひとつでも見つけなきゃ！」

「自信がなくて、何が悪い！」

はっきり言ってしまいますが、自信なんて、なくて当たり前。**人は完璧じゃないから、愛される**んです。

「何かをやり遂げたから自信が持てる」「キレイになったから自信がつく」のではなくて、人はみな、そのままで十分、魅力にあふれています。

自信なんてなくても、人を愛することができるし、人を幸せにすることもできます。

そのままの自分を受け入れ、愛していく。

そんな受け取り力も身につけていってくださいね。

気になる人の名前も連絡先も知らない

必要 **現実は知らん力**

「名前も知らない人との恋なんて、叶うわけがないよね……」

彼と旅行に行っているところを妄想!

名前すら知らない人であっても、好きになっちゃいけないなんて法律はありません。

「彼のことを知らない＝彼の情報が何もない」。これをマイナスに捉えるのではなく、プラスに捉えて、せっかくだから、ぶっ飛んだ妄想を楽しんじゃいましょう!

名前も知らないのに、あなたの心をつかんでしまった素敵な人……。そんな彼の素敵なところを、思う存分思い出して幸せな気分に浸ってください。

彼の好みもわかりませんから、自分が好きなところに旅行に行ってしまいましょう。

行きたいのは、外国？　国内？　かっこ良く運転してくれる彼の横顔を見たいですか？　ビジネスクラスで、優雅な気分で旅立ちますか？　**妄想は、自由**ですよ!

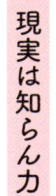

好きな彼が遠い存在だ

必要
現実は知らん力＋受け取り力

「こんな恋、うまくいくわけがないよね……」

「遠い存在でも、恋を叶えた人だってたくさんいるよ！」

好きな彼が遠い存在、それがどうしたんですか！

もしかして、彼は、テレビの中でしか会えない有名人ですか？

それだって大丈夫！　少女の頃から某ハリウッドスターの奥さんになることを夢見ていて、本当にそのハリウッドスターとの結婚まで至った女優さんがいました。

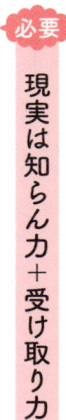

その事実を、「その人は女優さんになれるぐらいキレイだったからでしょ」「たまたまでしょ」と、自分とは無縁の出来事として捉えるか、**「私にもチャンスがある！」**と捉えるかはあなた次第。

実際、偶然入ったお店のバーテンダーの女性と結婚したハリウッドスターだっています（その女性も、そのハリウッドスターのファンだったとか！）。

始まりはスターとファンという関係だったとしても、どこに出会いのチャンスが転がっているかはわかりません。叶えた人々の体験談やデータを、どんどん受け取ってください。

今あなたがこの文章を読んでくれたことも、なんらかのサイン！

しっかりキャッチしてくださいね！

自分から「叶う」という可能性を摘んでしまうか、**「叶う」に意識を向けてみる**か。自分が幸せを感じるほうを、選んでくださいね。

好きな人からメールが欲しい

必要 妄想力

「携帯よ、鳴れー!」と常に携帯に執着してしまう

携帯を見ながら幸せを感じている自分を妄想

「好きな人からメールが欲しい」というのは、ごく自然な感情です。

ですが、あまりにも携帯を気にしてばかりいると、携帯を見るたびに「メールが来ない」という現実が強化されていってしまいます。

ですから、どうしても携帯が気になってしまうときは、**「私ったらそんなに彼のことが好きなのね」**と、マイナスの思考ではなくて少しでもホッとできる思考を選んでみましょう。

また、メールが来ても、その内容が別れ話だったり、「しばらく会えない」というような連絡だとしたら、嬉しいどころか悲しくなってしまいますね。

そんな想像はしてはいけません!

ここは、**「携帯は幸せなお知らせを届けてくれるアイテム」だと設定**してしまいましょう!

携帯を見ると彼からの名前が表示されていて、その内容もとても嬉しいもので、あなたはつい「うふふ」と微笑んでしまう……。そんな光景を妄想しましょうね。

本当に望んでいるものは、「彼からメールが来ること」ではなく、「彼から愛情たっぷりのメールが届いて幸せを感じている自分」のはずですから。

必要 受け取り力

好きな人が、自分よりかなり年下だ

「こんな年上の女を選ばないよね……」

「この年齢で彼と出会えたことに意味がある！」

「彼は年上の女性を選ばない」と、どうして決めつけてしまうんですか？

年上の女性と年下の男性カップルが、この世に何組存在していることでしょう。

実は私のブログでも「53歳差」のカップルをご紹介したことがあります（19歳の男性が、72歳の女性に一目惚れしたそうです!!）。

「私は彼より年上だからうまくいかない」と思っているなら、現実がそのとおりになっていくだけのこと。

年齢がいくつであっても、美しく魅力的な女性はたくさんいます。「もう歳だから」なんて言わず、素敵な恋をしてくださいね。

彼と趣味が合わない

必要
現実は知らん力

無理に彼の趣味に付き合う

「趣味は自分が楽しめばそれでよし！」

まず、趣味が同じだからと言って、そのカップルが長く続くとは限りません。お付き合いのきっかけが「趣味が同じ」ということはあっても、好きになるきっかけは他にもあったはず。趣味がすべてではないんです。

彼の趣味に興味があり、自分も楽しめそうという場合は、お互い幸せですが、自分にはどうもハマれそうにないというときも、**否定だけはしない**でおきましょう。

好きな人に趣味を否定されたのが自分だったら……と考えたら、悲しい気持ちになりますよね。ですから、趣味を一緒に楽しめない場合は、**自分の時間を精一杯楽しむことで、彼との関係はさらに良くなっていきますよ！**

必要

妄想力＋受け取り力

付き合って間もないのに、なかなか彼と会えない

「さみしい……。なんで会ってくれないの！」

自分の時間を楽しみつつ、「もっと会えたらいいな」と彼との幸せな時間を妄想

「さみしい」し「会いたい」のに「ううん。私は大丈夫」と自分の感情に蓋をする必要はありません。

「さみしい」「会いたいな」と彼に思いを伝えたっていいじゃないですか！

「思いを伝える」ことと「彼に何かを強要する」のはまったくの別物です。

しかし、伝えてみても、もし「会えない」と言われてしまったら、彼に乗り移って〝イタコ〟になってみましょう！

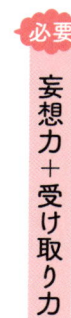

会えない
キミにものすごーく会いたいけど
あなたってほんと優しい人
この手袋を編み終えないと・・・

彼はあなたのことが大好きなんです。もう好きで好きで会いたくて仕方がない。でも、どうしてもひと月後までにお母さんに手袋を編んであげなきゃいけなくて、忙しいんです！

不器用なのに、なんて頑張り屋さんの彼！　そして、なんてお母さん思いの優しい人なんでしょう……。

どうですか？

「会わない＝あなたがどうでもいい存在」というわけではありません。あなたが見ているのは、彼のほんの一部だけ。彼には彼の理由が、きっとあるのです。

「会いたい」という素直な感情と、「好きならしょっちゅう会って当たり前」という思い込みも、また別物です。

恋愛だけでなく、友情も同じ。**「自分にとっての当たり前は、他の人にとっての当たり前ではない」**ということを頭の片隅に入れておいてくださいね。

結婚したい!

必要 妄想力

「あそこであんなふうにプロポーズされる!」と
「プロポーズの瞬間」を妄想

彼とソファーに座っていたり、朝食を食べているところなど、
「結婚後の日常」を妄想

「『プロポーズの瞬間』の妄想の何がいけないの?」と思われることでしょう。

これは少し解説が必要なのですが、決してプロポーズの瞬間の妄想がいけないわけではありません。いえ、むしろどんどんしてください。

「どっちなの!」というツッコミが聞こえてくるようですが、素敵なプロポーズの映像を思い浮かべて、自分が幸せな気分になるなら、どんどん妄想してかまいません。

ですが、**「結婚」という願いを叶えるためにプロポーズの瞬間を妄想している、という方は、ぜひその先の妄想まで進んでほしい**のです。

本当に望んでいるのは、「プロポーズ」のあとに待っている**「結婚後の幸せな生活」**ですよね。

「片思い」の項目でお話ししたように、叶うまでのプロセスを考える必要はありません（もちろん、プロセスを考えることが自分を幸せな気分にしてくれるなら、やってください）。

プロセスや段階などはすっ飛ばして、当たり前のように、大切な人が隣にいる暮らし。大好きな人が家に帰ってくる毎日。「彼の好物はこれだったな」なんて思いながら買い物に出ている自分。「次の休みはどこに出かけようか」なんて話している二人の姿。

そこには、ごく普通の日常があります。プロポーズほどドラマチックではありませんが、その日常にこそ、間違いなく幸せや安心感があふれているのです。

「願いが叶ったあと」の光景を何度も思い浮かべることで、それが現実になることを受け入れていってください。

結婚したいのに、彼にその気がない

必要 受け取り力

彼が見つけるように、結婚情報誌をそっと置く

「それより、部屋にお花でも飾ろう」

意識を向けるのは彼ではなくて、自分です。彼に「その気にさせてやるわ！」と頑張ってみても、それは無駄な努力というものです。

「結婚したい」と焦るということは、「結婚できないかもしれない」という不安があるということです。では、どうして不安なのでしょうか？　自分に自信がないから？　彼に愛されているのか不安だから？　年齢的な焦りがあるから？

でもどんな理由があろうとも、それと彼とは別。彼には彼の「まだ結婚しない」理由があります。

また、結婚したからといって幸せとは限りませんし、彼との愛が永遠になるわけでもありません。「結婚していなくても、今幸せ」なら今のままでもいいではありませんか！　今の幸せを大事にしていれば、きっと望みどおりの現実がやってきます。

「結婚してくれないから、今、幸せじゃない」というあなた。キッパリ言ってしまいますが、結婚しても幸せがやってくるわけではありません。

現実が変わったから幸せ、ではありません。**幸せをつくることができるのは自分の心だけ**です。そこに例外はありません。

今、できる範囲で幸せを感じていく。幸せへの近道は、そこしかないんです。

「彼がなかなかその気にならない」とイライラしながら毎日を過ごすよりも、今日は、キレイな花を部屋に飾ってみましょう。明日は、好きな音楽を聴いてみましょう。その次は、セクシーな下着を買って身につけてみましょう。

そして何より、**今、好きな彼と一緒に過ごしていける時間に、幸せを感じましょう**。自分で自分を楽しませて、幸せを感じていくことで、自信のなさや、「結婚できるのかな」という不安も少しずつ薄れていきます。

自分の時間を大切に、そして彼への「好き」だという気持ちを大切に過ごしていくと、必ず現実は幸せに向かって動き出してくれます。

元彼と復縁したい

必要
妄想力＋現実は知らん力

「復縁を叶えるための方法」を読み漁る

「次に彼と会うときは、こんな私で会う」と彼とのデートを妄想

ネットには、「復縁を叶えるための方法」があふれています。それが間違っていると言いたいわけではありません。私のブログにも「復縁」というワードはよく出てきますし、復縁を叶えた方々からのご報告も数多く載っています。

それらの体験談を読みながら「私もきっとできる」と潜在意識にインプットするのは、とてもいい方法です。

その後、「どうすれば復縁が叶うか」と**「叶えるための方法探し」に必死になるのであれば、「復縁を叶えた私」にすでになってしまいましょう。**

もう一度、彼からメールが来たら。

もう一度、彼の声が聞けたら。

もう一度、彼に会えたとしたら。

今は、それが「ある」なんてとても思えないとしても、「この先もきっと、ない」と決めつけることはありません。

彼からの久しぶりのメールは、照れもあってそっけないものかもしれない。でも、もしかしたら何十分も悩んだメールかもしれない。

彼から突然、電話がかかってくるかもしれない。すごく嬉しいはずなのに、「あ、この笑い声を聞くのも久しぶりだな」なんて冷静な部分もあったりする。

彼と久しぶりの再会は、あの服を着て髪もツヤツヤ、絶対に前よりかわいい私で会ってやる……。

「これが本当に現実になったら」。そう思いながら、**「今」を「叶えるために頑張る時間」にするよりも、「叶えたあと」に思いを馳せる時間で満たしてください。**

彼が浮気をした！

必要
受け取り力

「ひどい！　絶対に許さない！」

「ひどい！……けど、今彼は私の隣にいる」

どちらも「ひどい！」で始まりますが、**浮気がひどいのは本当のこと**。

ここはひとまず、「浮気されたけど、大丈夫」なんて自分の気持ちに嘘をついたりはしないで、「ひどい！」と怒りましょう。

ですが、「浮気」ということは、彼があなたのもとに戻ってきたということ。少し気持ちが落ち着いてきたら、浮気よりも、そちらの事実に意識を向けましょう。

とはいえ、頭で理解しようとしても、心が必死に抵抗して「頭ではわかってはいるけど、許せない」という気持ちになるのは当然のこと。

それでも、**起きてしまったことはもう変えられません**。彼と浮気相手に土下座されたとしても、心の傷が癒えることはないでしょう。

でも、そこで**「浮気をされて、私ってなんてかわいそうなの」といつまでも思い続けていても、ますます「自分がかわいそうだと感じる現実」を呼び寄せてしまうだけ**。彼が浮気をした過去よりも、今と、これからの彼を見てあげてください。

彼が今、あなたに与えてくれている優しさ。この先、あなたに与えてくれるだろうたくさんの愛に目を向けていくことで、その優しさと愛はどんどん拡大していきます。

このように書くと、浮気をする彼のことも許さなきゃいけないと思われるかもしれませんが、決してそうではありません。また、「彼が浮気するのは私に何か原因があるからだわ……」なんて、自分を責めることもありません。**浮気なんて、するほうが悪い**んですから！

浮気されるのはつらいし、許せない。でもその感情をいつまでも引きずるのはもうやめて、彼と自分のことを責めるのもやめましょう。

そして今、彼が自分の隣にいることに意識を向けてくださいね。

つい尽くしてしまう

必要 受け取り力

「尽くしすぎて疲れちゃった……。でも、やってあげなきゃ！」

「何もしなくても愛される私になる！」

尽くす女性は、文句を言いながらも彼に何かをしてあげることに喜びを感じていたりします。ですから、知らず知らずのうちに「尽くされ待ち」な男性を引き寄せてしまいます。

また、そういう女性は自分に自信が持てなくて「何かをしないと愛されない」というセルフイメージが勝手についてしまっていることもあります。

女性は、何もしなくても愛される存在です（きっぱり！）。

まだ小さい子どもは、一人では何もできません。スプーンを持ってご飯を食べることもできないし、コップにお茶をいれることもできないけれど、おいしそうにご飯を食べてくれるし、ニコッと笑いかけてもくれる。それだけで、十分なんです。

「それは小さい子どもだからでしょ？」と思われるかもしれませんが、あなただって同じですよ！

愛情表現は「彼に何かをしてあげる」ことだけではありません。

おいしそうにご飯を食べる。ニコニコする。そしてたまには何もしないで、彼に「してあげる」幸せも感じてもらう。

彼に鍋奉行になってもらいましょう。焼肉も、焼いてもらいましょう。洗い物だって、してもらいましょう。

「何もしなくても、ただいてくれるだけで幸せかも」

そんなふうに言われちゃう恋愛をしてくださいね！

結婚しても、自分は洗い物と掃除洗濯。旦那さんはゴミ捨てとお風呂掃除ともろもろの力仕事。

すべてをやろうとしなくても、ギブアンドテイクでＯＫなんですよ。

彼の過去に嫉妬してしまう

必要 受け取り力

「嫉妬なんてしちゃいけない!」と感情を押さえつける

「私、こんなに彼のことが好きなんだなー!」

少しぐらいのヤキモチならかわいいものですが、度を越して嫉妬してしまうという場合はどうしたらいいでしょう。

実は、嫉妬の感情は、過去の心の傷から来ていることが多いんです。

活発で明るい子は人気者だったけど、私はそうじゃなかった。

妹ばかり褒められて、私は全然褒めてもらえなかった。

要領がいいあの子ばかりがモテて、私は相手にもされない。

ボーイッシュな私は、女の子扱いされなかった。

スカートなんて履きたくなかったのに、「女の子だから」といつも履かされた……。

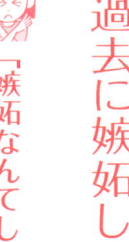

「過去、こんなことがあって私はイヤだった」という思いから、今の彼や旦那さん、身近な人に対して嫉妬の感情を引き起こしてしまうことがあります。

人懐っこい妹に対して、「いつも可愛がられていいな」と感じる。

勉強ができた姉と比べて、「お姉ちゃんはいつも褒められてるけど、私は全然褒められない」と感じる。

兄弟や姉妹のほうが出来が良いと感じ、親の期待にこたえられなかったと自分が思い込んでいると、親が言った何気ない一言から、「私には価値がないんだ」という思いを抱いてしまうことがあります。

「私も愛してほしい」

「私も褒めてほしい」

そう思っても、「これ以上わがままを言っちゃいけない」と自分の気持ちを抑えてしまって、本当の思いを言えなくなってしまうんです。

だから、彼に対しても我慢をしてしまう。そしてやがては、「前の彼女のことのほうが、私より好きだったのかな」「前の彼女にはこんなことしたのかな」なんて悪い妄想力を働かせてしまいます。

「私は愛されてるのかな?」「本当は、私より他の女の人がいいのかな?」という彼への不安を埋めようとして、「嫉妬」という感情が生まれてしまうんです。

「ねえ、愛してる?」「ねえ、本当に私のことが好き?」と、彼に愛を求めるよりも、自分が自分に愛を与えてあげてください。

「彼」に向いている矢印を「自分」に向けて、「私は、大好きな人に愛されるにふさわしい存在だ」と、自分の価値を認めてあげてください。

それを繰り返していくと、彼がくれているたくさんの優しさと愛をしっかりと受け取れる「受け取り力」も身についていくはずです。

自分の過去の傷を癒すために、彼に愛を求めるのではなくて、まずは自分が自分自身にたっぷりの愛を与えてあげてください。

それに、嫉妬してしまうのは彼のことが好きだから。**「好き」のパワーをプラスに変えてくださいね。**

彼が他の女性を褒めた！

「何よ！」と他の女性に対して敵対心を持ってしまう

「私だけが彼のナンバーワン！」

必要 妄想力

彼が他の女性を褒めたとしても、**選ばれるのはあなた**です。

え？　なんでそんなふうに言い切れるのかって？

現実は、自分が作るのでしたね。ならば自分に都合が良いように、ストーリーを作ってしまえばいいのです！

自分以外の誰かを、わざわざ自分の世界の主役に抜擢することはありません。**自分の世界の主役になっていいのは、自分だけ**です。

彼に愛されるのは「私」の世界を選ぶか、彼に愛されるのは「私以外の誰か」の世界を選ぶか。

自分の世界をつくっているのは、他でもない自分自身です。

望む現実を見て、望む未来を選ぶ。

他人の真実など、自分にはわかりようがありません。わからない真実など、どうだっていいのです。

むしろ真実を変えてみせるぐらいの**勘違い力**と、自分にとって都合の悪い現実はスルーしてしまう**鈍感力**を身につけてしまいましょう。

ときには、ど厚かましさも必要です!

必要 現実は知らん力

フラれちゃった……！

「もう何もかもおしまいだわ……」

「もう少し、彼のことを好きでいたい」

大好きな彼にフラれてしまった。それは、全世界から拒絶されたかのように感じるほど、ショックなことですよね。

まずは泣いて泣いて、涙が枯れるほどに泣き尽くしてください。つらい、しんどいと感じている自分の感情を、しっかりと受け止めるのです。

でも、あなたは全世界の人に拒否されたのではなく、ただ一人の人に、今は選ばれなかったというだけ。

こう言うと、「その事実が何よりつらいんだよ！」という声が聞こえてきそうですが、前に進むために、まずはこの事実を受け入れる必要があります。

別れの本当のところは、彼にしかわかりません。「他に好きな女性ができたから」と言っていても、本当は仕事が忙しいのかもしれないし、家族の事情かもしれない。

ですが、**彼が「本当のこと」を言っているとは限らない**のです。

真実を知ろうとすることに意味はありません。

真実を知ろうとするあまり、「私があのとき、あんなことを言ったからかも」「職場に新しく入ってきたあの子が原因かも」とあれこれ考えてしまったり、本当の理由は全然違うところにあるのに、「私が太ってるからだ」「私が料理ができないからだ」などと、自分で勝手にフラれた理由を大きく広げてしまうこともあるのです。

さらには、

「フラれたから、もうあきらめるしかない」
「一度嫌われちゃったから、もう二度と恋は叶わない」
「彼に好きな女性ができたなら、もう私は選ばれない」

と、**無意識のうち未来の可能性まで摘んでしまうこともある**んです。

彼にフラれたのは事実。そこには必ず何かの理由があるはずなので（それは彼側の事情であったり、何かしらの原因が自分にあったりいろいろですが）、今すぐ現実を変えることは難しいかもしれません。

ですが、少し先の未来は何も決まっていません。

「一度フラれたから、この先ももう選ばれない」

そう思い続けていると、そのとおりの未来を呼ぶことになります。

つらいことがあったときほど、「つらい今」にしか目が向かないものですが、今から5分後、5日後、5ヶ月後、5年後に、視点を変えてみましょう。

5分後は、まだまだつらいですよね。前を向く必要はなく、とにかく感情を吐き出してください。

5日後も、まだまだ傷は大きいかもしれません。何をしても彼のことを思い出し、ご飯も喉を通らない日々。「また電話がかかってこないかな……」なんて待ってしまうこともあるでしょう。

5ヶ月後はどうでしょうか。まだ彼のことを好きでいるか、それとも別の素敵な人と出会っていることも有り得ます。まだ彼のことを好きでいたとしても、5日後のときよりは、少し穏やかに現実を受け入れることができるようになっているかもしれません。

じゃあ5年後は？　結婚して幸せそうにしているあなたがいるかもしれませんね。隣にいるお相手は誰でしょうか。再会を果たした彼なのか、別の人なのか。それとも、夢を叶えてキラキラ輝いているあなたがいるでしょうか。

フラれた5分後の悲しみが、5年後も続いているわけではありません。

5年後のあなたは、今のあなたに何と声をかけると思いますか？

「過去」と「現実」、そして「未来」を分けて考えたとき、未来はまったく新しいものとして生まれ変わります。

フラれたことがどれだけつらくても、彼を責めたり、違う女性を選んだことを恨み続けたりしたって、現実は何も変わりません。

まずは、自分の気持ちをよく確かめてみましょう。

彼のことがまだ好きなら、好きでいてもいいんです。その自分の気持ちを大切にして、

「彼のことがまだ好き」

「彼にはいつも笑っていてほしい」

「彼は幸せでいてほしい」

という思いを大切に育ててください。


他人の心を支配することはできませんが、そうすることで現実が変わっていくことは確かにあります。


この先の未来は、誰にもわかりません。

彼とは違う、別の大切な人との出会いがあるかもしれない。

一度お別れすることになった彼と、今度はもっと強い絆で結ばれる未来が、この先待っているかもしれない。


自分の中にある愛を大切に育てていれば、必ず愛を引き寄せます。

そして、**「あのつらかった経験も、今の幸せな毎日のために必要なことだったんだ」**と言える日が、きっと来ます。

こうして見ていくと、「妄想力」と「現実は知らん力」のパワーをフル活用していると思っていた恋愛も、「受け取り力」がかなり大事だということがわかります。

「私はこういう人間だ」「恋愛はこういうものだ」「男性はこういうものだ」という思い込みが定着すると、それが自分の中の「本当」になり、それに従って行動しようとしてしまいます。

つまり、自分が設定したとおりの恋愛をしてしまうんです。

「過去がそうだったから」「現実がこうだから」という思い込みが根づいてしまったのではなく、思い込みが「過去」も「現実」もつくっているのです。

「現実→思い込み」ではなく、**「思い込み→現実」**。

だから、「幸せな恋愛をしていく」という許可を自分におろし、受け入れていくことが不可欠になります。

すべての現実は、まず頭に思い描くことから始まります。

素敵なラブストーリーを見ているかのように、自分の恋のラスト、幸せな場面を先に決めてしまいましょう。

途中で全然違う方向に向かっていると感じても、それはちょっと寄り道をしてしまっているだけ。

最後のゴールを決めていれば、きちんと幸せなラストシーンに向かっていきます。

Lesson 3

妄想でお金に困らない生活を手に入れる!

自慢ではないですが、私は長年「お金がない」と言い続けていました。私が最も苦戦した妄想レッスンは**「お金」**だったのです。

「お金がない」ことが原因で、夫とも何度もケンカしました。まだ幼い娘は顔をグチャグチャにして泣き、「ごめんなさいいぃいぃいぃ‼」と謝りながら、なんとか夫婦ゲンカを止めようと、夫の足にしがみついていたものです。……思い出すたび、娘には申し訳ない気持ちでいっぱいになります（子どもの前でケンカするなんて、本当に情けないですよね）。

一緒にいるのにわかり合えないもどかしさに、寂しさ。どうしたら抜け出せるかもわからない、「お金がない」というこの現実。

ですが、そんなつらい思いをしたからこそ、**「もう二度とこんなつらい思いはしたくないし、娘にもさせない」**と決意したのです。

私が経験したいのは、お金がなくてケンカをする毎日ではなくて「お金がある」という安心感に包まれ、大切な人と笑顔で過ごす毎日。

私が見たいのは、泣いている娘の姿ではなくて、弾けるような娘の笑顔。

娘の人生は娘のものですが、親としてできる限りのことをして、いろいろな景色を見てほしいし、いろいろなことを体験してほしい。

その思いが、私の妄想パワーになりました。

✿「今ある幸せ」で、未来の幸せを引き寄せる!

今がどんな状況であろうと、笑ってしまえ。

今、口座の残高が1万円しかなくたって、妄想の中でいくらでも旅行に旅立つことはできる。今、財布の中身が1000円しかなくたって、頭の中の財布は100万円にできる。

そう、**「現実は知らん力」**です。

それに「お金がない」と言ってるけれど、ちゃんとご飯も食べられる。携帯だって持ってる。毎日お風呂にも入れる。暖かい布団で寝られる。

そんなふうに**「今ある幸せ」と、この先に待っている「未来の幸せ」の妄想に包まれることで、私の「お金」の現実も確実に変化した**のです。

たとえ現実がつらいものであったとしても、どんな経験も糧《かて》になるし、どんな出来事もパワーに変えられます。

そう信じてください！

では、幸せな毎日を引き寄せるために具体的にどのような思考、行動をしていけばいいのか見ていきましょう！

貯金したい

必要 受け取り力＋妄想力

「貯金したいんだけど、なかなかできなくてね〜」

「100円でも、貯金は貯金！　私には貯金がある！」

いますよね〜。「痩せたい」と言いながら毎回のように食べすぎて、特に体を動かすこともしない人。

貯金も同じです。「貯金したい」と言いながら貯金ができていないのは、「貯金できない」のではなくて**「本当に貯金する気がない」**だけなんです。

家にある空き瓶にチャリンと100円玉を入れてみてください。100円も立派な貯金です。ほら、これで100円の貯金をしたことになりますよ！

何度も言いますが、**現実をつくっているのは、「自分がどう思っているか」**です。「貯金がある」と思っていれば、また貯金は増えていきますし、最初の貯金額が

100円だったからって、ずっと100円のわけではありません。

100円から減ることは滅多にありませんから、これからどんどん増える一方です。

また、世間の平均貯蓄額が1000万円だとして、それより少なくても落ち込むことはありません。

他人は他人、自分は自分。

人はまず、目標額を「自分が無理なくできそうな」額で設定してしまいます。でも、「できそう」ではなくて本当に「したい」額を目標に設定しましょう。

世間の平均貯蓄額が1000万円であっても、「私がときめくのは6億円！」と思うなら、貯金6億円を目指したっていいんです。

「私にできそうな貯金は100万円が精一杯かな」と思っていれば、「100万円の貯金が精一杯の私」がセルフイメージになってしまい、無意識のうちに「100万円の貯金が精一杯の私」として話し、歩き、行動してしまいます。そして、無意識のうちにそれに見合った仕事をして、それに見合った収入を得て、それに見合った出費をしていくようになります。

「ふふふ……私の銀行口座には6億円よ！」

今から、「銀行口座に6億円が入っている人」として生活してみましょう。

お店で見つけた気に入ったものは、何でも買える。行きたいところにはどこにでも行ける。自由もある、安心感もある、優雅な気分も味わえる。

「お金がない」なんて言ったりしません（だって口座に6億円あるし！）。

テレビでお金持ちを見ても、イライラしません（だって口座に6億円あるし！）。

納豆ご飯とお味噌汁も、とてもおいしい！（だって口座に6億円あるし！）

今の現実がどうであろうと、妄想は自由です。

頭の中で、お財布に札束をガバッと入れてお気に入りのお店に行って、「この棚のここからここまで全部くださる？」と言ったり、三つ星レストランに行って、店員さんに最高のおもてなしを受けている自分を妄想しちゃいましょう。

今、目の前の現実は、自分の過去の思考がつくり出して、自分が引き寄せた結果。

これから先の**未来をつくるのは、自分の妄想力**です。

高級腕時計が欲しいけど、お金がない

必要
妄想力

お金が入ってきたら、買おう！　と決める

腕時計を身につけているところを妄想してにやにや

「お金が入ってきたら、アレを買おう」「お金が入ってきたら、あそこに行こう」

現実をつくるのは自分自身なのに、これだと自分の人生に対して、どこか他人事！

まずは**「買う！」「行く！」**と決めましょう。自分の願いをはっきりと表明することからすべては始まります。今お金がないとしても、そんな「現実は知らん」！

「欲しい」と思ったということは、それは自分の手元にやってくるということ。

自分のもとにやってくるために、必要なお金が手に入ったり、仕事が舞い込んできたり、誰かにプレゼントされるなど、素敵なサプライズが起こるのです。

まずは自分が先！　ですよ。

借金を返したい

必要 妄想力

「借金がなくなるまであと50万か……はぁ……」

「借金を全部返したら、スキップして歩いちゃうぞ!」

「借金を返したい」という状況であっても、意識を向けるのは「借金がある今」ではありません。

「返し終わったあと」です。

今まだ借金がある状態だとしても、借金を返し終わった自分をイメージすることはできますよね?

借金が50万円残っていたとしても、「全部返し終わるまであと2年はかかるかな……」なんて計算するより、返し終わったあとをイメージしましょう。

全部返し終わってスッキリした自分は、きっとスキップしたいほど軽やかな気分のはず。

空は青く澄んでいるし、小鳥もさえずっている、道端の小さい花もとてもキレイ。

この瞬間を、何度も頭の中でイメージしてみてください。

スキップのあと「昼間からおそば屋さんで一杯やっちゃうぞ！」なんて思ったら、おそば屋さんで一杯やっちゃってる自分も妄想しましょう。

「借金を返すこと」が最終的な願いというよりも、本当に望んでいることは借金を返し終わった先にある、**「晴れやかな気持ちを感じること」**のはず。

そしてその先、「お金の心配をしないで好きなものを買って、好きなことをしている自分」がいることが本当の願いでしょう。

「借金を返し続けている自分」を見つめ続けるのではなくて、「借金を返し終わったあと」の感情を先取りしていく。

そうすることで、セルフイメージも「借金を返せる自分」に変わっていきます。

マイホームを建てたい!

必要 妄想力

「建てられるとしても、これぐらいかなぁ」

自由自在に、自分が住みたい家を妄想

マイホームを建てたいなら、頭の中に作り上げるのは、**「住める家」ではなくて「住みたい家」**！「なんとなくこんな家」でも「私たちにはこれぐらいの家だろうな」でもなく、はたまたテレビや雑誌などで紹介されるオシャレな家でもなく（オシャレな家を否定するわけではないですが）、「本当に自分が住みたい家」です。

今の貯蓄や収入と釣り合っていなくてもいいのです。**「本当に自分が住みたい家」を、できるだけ具体的に妄想**してください。

玄関扉や、表札。床の感触。浴室の広さに、トイレの数。キッチンとダイニングテーブルの大きさに、椅子の数。寝室は和室？　それとも洋室にベッド？　子ども部屋

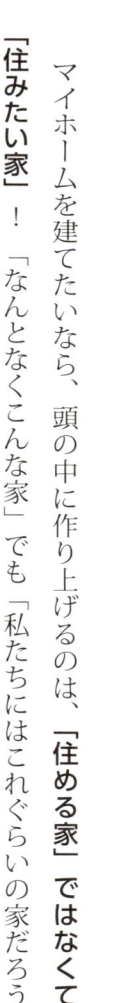

に自分の書斎も作る？

さらに**大事なのが、家の様子を妄想するだけではなくて、そこに住んでいる自分の姿、一緒に住む家族の姿をリアルに感じること**。

起きたとき目に入る天井の色は？　窓から朝日が差し込んでくる？　カーテンの色は何色？……そんなふうに、本当に住んでいるかのように妄想を楽しむのです。

そして「いつかこんな家に住めるといいな」とのんびりかまえるのではなくて、「絶対にこんな家に住む！」と固く心に誓ってください。

今、お金の問題がクリアしていなくても、資料を申し込んでみたりモデルルームに出かけてみる。そうすることで、現実が動くのを待つよりも自分が先に「マイホームを建てる私」になります。

しっかりゴールを設定すれば、どんなことだって、「ただの夢」から「叶うことが当たり前」の願いに変わります。

金銭面やいろいろな事情を考慮した**「今の自分にピッタリのもの」じゃなくて、「本当に好きなもの」を選ぶ癖をつけていきましょう！**

窓の外には緑、遠くに海も見えるわ！
大きくなくてもいいけど、設計にはこだわってるの
休日はウッドデッキで朝食をとり…
コーヒー入ったよ
コーヒーを淹れるのが上手な優しい夫
子ども部屋は2つ必要ね…
ママー
ママだいすき！

必要

現実は知らん力

どうしても宝くじを当てたい！

「次こそ当てる！……また外れた」

「6億円当たった！　ありがとう！」

〝引き寄せ〟界隈では否定されがちな宝くじですが、私は完全な肯定派です。6億円だって、当てる気マンマンです。だって、たった何百円かで大きな夢が買えるんですよ！　確率何千万分の一だって、当たる可能性はあるんですよ！

とは言え、興味がない人は無理して買うことはありません。

また、**「私がお金持ちになれる方法は宝くじ当選しかない」と思ってしまうのも危険な思考**です。

「私には宝くじしかない」と思ってしまうと、外れるたびに「ああ、またダメだった……」とマイナスな波動を放つことになります。

そうではなく、外れたとしても、

「今回はダメだったー！　じゃあ、他の方法でお金持ちになれるんだな！」

と常にプラスの波動を保ちましょう。

そして、**「宝くじかどうかはわからないけど、6億円がやってくる」**と頭の中でいつも6億円の口座残高を思い浮かべていてください（なぜか本書では「6億円」というキーワードがよく出てきますが、もちろん金額はいくらでもOKです）。

「6億円がある！　なんて幸せなの！　ありがとう！」と感じてみましょう。

宝くじが当たることばかりを待っていないで、自分から先に「6億円を持っている人」として生きてみるのです。

そうすることで、確実に潜在意識は刺激され、現実も変化していきます。

6億円あったら、何をしましょうか。家を建てますか？　旅行に行きますか？

きっと、自分も周りの人も喜びでいっぱいになるような、幸せな使い道がたくさんあるはずです。

6億円分にやにやしたら、6億円分の幸せがやってくる。そう覚えていてください。

お金持ちになりたいけど、なったら妬まれそう

必要 受け取り力

「だったら、今のままの生活でいいや」

「大富豪に比べたら私なんてまだまだ！
だからもっとお金持ちになるぞ！」

「妬《ねた》まれる」と思っているのは、自分の周りの人が「お金持ちじゃない」と思っているからかもしれません。でも実は、身近にいるあの人もこの人も、はっきりと言っていないだけで億万長者かもしれませんよ。

お金持ちみんながみんな、華やかな生活をしているわけではありません。質素な家に暮らして静かに暮らすことが好きなお金持ちだって、いるんです。

「私は華やかなお金持ちになりたい！　けど、目立つのは怖い……」と、「願い」と

「ブロック」が同時に出てしまう場合は、自分の理想の生活を叶えているようなお金持ちがたくさんいそうな場所に出かけてみましょう。

3ヶ月に一度、奮発して高級ホテルに泊まってみたり、月に一度はホテルのラウンジでお茶してみたり。さらには素敵なマダムが通っていそうなエステやスポーツジムに入会してみたり……。お金持ち（らしき人たち）と空間を共にして、「こんなに素敵な生活があるんだ！」と、実際に体験してみましょう。

なんて言いつつ、私は旅行好きではあるものの、なかなかの出不精タイプ。

私のような人は、サイトで高級ホテルの写真を眺めてみたり、SNSでセレブの生活を覗いてみるだけでも、潜在意識のお金持ちスイッチが入ります。

お金持ちの世界を**「自分とは遠い世界」と捉えるのではなくて、「うわあ、素敵！」と素直に感じてみましょう**。

この世界には、何百億と稼いでいる人だって存在します。

お金持ちになることへの恐怖心が生まれても、**「大丈夫！ 幸せなお金持ちはたくさんいる！」**とどんどん欲張ってくださいね。

必要 **妄想力**

家計簿をつけているけど、全然生活が楽にならない

「まだまだ、ここを節約しなきゃ！」と家計簿を続ける

架空の家計簿をつけてみる

まず、どうして家計簿をつけているのか、というところから考えてみましょう。

まず、家計簿をつけるのが楽しくて仕方ないという場合は、いっそ家計簿のプロになってしまいましょう。

家計簿に興味はあるけれど、どうやって書いたらいいかわからないという主婦の方は結構います。そんな方のアドバイザーになって、収入を得る。今は誰でも何かの専門家になれる時代ですから、そんなことも十分に可能です。

一方、家計簿をつけることが特に趣味ではないのに、「節約をして貯金したいか

ら」「しっかりお金の管理をしたいから」「なんとなく不安だから」などという理由でやっているという場合。

お金の流れを知ることは大切ですが、**家計簿をつけたからといって、お金が貯まるわけでありません。**

「不安だから」という理由で家計簿をつけ始めても、「ああ、また出費が続いてしまった……」と不安な現実がつきまとってしまいます。

それならばいっそ、架空の妄想家計簿を作ってしまいましょう。

今月の収入はいくらぐらいにしますか？　２００万円？　５００万円？

「そんな金額ありえない！」と思ってしまったら、自分に問いかけましょう。「なんでありえないと思うの？」と。

この世の中には月収５００万の人も１０００万円の人も、もっと上の人だって確実に存在しています。そして、その人たちだけが特別な存在だというわけではありません。

自分から、自分の未来の可能性を狭くするのはやめましょう。

収入：５０００万円
イタリア旅行1週間：50万円
エルメスのバッグ：１００万円
レストランでディナー：5万円×4回

こんなふうに、ワクワクするような家計簿を書きましょう。
ちなみに、服などに興味のない地味な私の場合は、
２泊３日の温泉旅行：10万円
本を買いあさる：５万円
映画三昧：３万円

こんな家計簿になってしまいそうですが、ゴージャスだから幸せ、というわけではありませんよね。

一番大切なのは自分の心がワクワクして、にやにやできること！

イヤイヤ家計簿をつけるぐらいだったら、楽しい妄想をしましょう！

とにかくお金がない!

必要 受け取り力

「ああイヤだ。こんな現実からは早く抜け出したい!」

「いや、実は『ある』よね!」

あなたは簡単に「お金がない」と言いますが、本当にお金はありませんか?

今日も、晩ご飯を食べられる。
着る服だってある。
自動販売機で、すぐに飲み物を買うことだってできる。
一年中快適に過ごせるエアコンがある。
大切な人と、すぐに連絡が取れる携帯がある。
何百円かお金を出せば、歩いてはとても行けない場所まで電車で行ける。

1000円ちょっとで、人生を変えるような本に出会える（私は奥平亜美衣さんの本に出会いました！）。

目の前に、かずみんの書いた面白い本がある（ありがとうございます！）。

まず、**「ない」を疑ってみましょう**。「ない」と思い込んでいたけど、きっとそれは勘違い。

昔は、洗濯をするにも洗濯板を使って一枚ずつ手洗いしていました。今は洗濯機に洗濯物を入れて、スイッチポンで終わり。昔は、お水も井戸から運んでいましたが、今は、水道の蛇口をひねるだけでお水が出てきます。昔は、好きな人に手紙を届けるにも何日もかかりましたが、今はメールですぐに思いを届けることができるし、電話で声を聞くことだってできます。

よく見てみたら、実はこんなに「ある」だらけ。

「ない、ない」ばかり言っていたら、どんどん「ない」世界になってしまいます。

「ない」を見るよりも「ある」を見つける名人になってください。

これも、大切な受け取り力です。

お金がなくて、子どもに何もしてやれない

必要 受け取り力

「こんな親でごめんね……」

「今ある子どもの笑顔こそ、すべて！」

自分が「お金がない」と感じているときは、子どもに対してなんだか申し訳ない気持ちになるもの。でもそれは「お金がない」ことと「不幸」を一緒にしてしまっているだけ。**「お金がない」から子どもがかわいそうだなんて、ただの思い込み**ですよ！

子どもの笑顔は、お金がないと見られませんか？　そんなことはありませんよね。少なくとも、お金がなくても子どもは幸せです。いつも笑っていてくれるお母さん、お父さん、おじいちゃんにおばあちゃん……自分が大好きな人がそこにいれば、子どもは幸せなんです。

毎日フランス料理じゃなくても、おやつがマスクメロンじゃなくても、子どもは嬉しそうに、おいしそうに食べてくれるでしょう？

かくいう私も、「いろいろなところに一緒に行きたいのに、どこにも連れていけなくて申し訳ない」と感じていました。

でも、1円もお金をかけなくても、近くの公園に行ってたっぷり遊び、手作りのおにぎりを一緒に食べるだけで、子供は本当に幸せそうにしてくれます。

旅行には行けないけど、近くの公園で遊び、嬉しそうに手を振る子どもの笑顔。回らないお寿司には行けないけど、家でおいしそうにご飯を食べる子どもの姿。布団の中で眠そうにしながらも、図書館で借りた本の物語を真剣に聞く子どもの眼差し……。

これらをしっかり頭にインプットして、ここに子どもがいるだけで本当に幸せなのだと感じていました。

一方で、何気ない日々に幸せを感じつつ、妄想ではあっちこっちに旅立ちました。ディズニーランドではしゃぐ子どもの姿を見て幸せを感じている自分。沖縄の海で遊んでいる子どもの姿を見て幸せを感じている自分。豪華なブッフェで目をキラキラさせながら料理を選んでいる子どもの姿を見て幸せを感じている自分……。

行きたいと思う場所にはいつも妄想の中で行っていたし、妄想の中でも子どもの笑顔を見て、幸せを感じていました。

そしてそれは現実になり、ディズニーランドにも頻繁に行けるようになったし、沖縄にも宮古島にも行きました。夏は北海道に長期滞在する予定です。

お金をかけたから幸せ、というわけでは決してありません。

でも「こうしたい」という願いが生まれたなら、その願いを大切に温めてください。

ディズニーランドも幸せ、近くの公園も幸せ。

豪華なステーキも幸せ、フードコートで食べるうどんも幸せ。

旅行も幸せ、家でのんびりお昼寝も幸せ。

無理やりそう思うのではなく、心からそう思えるようになったとき、「幸せの選択肢」は増えていきます。

「お金があるから幸せ」なのではなく、豊かさを感じられる心があるからこそ、幸せは感じることができます。

自分自身と大切な人の笑顔のために、遠慮なんてしないで十分なお金を望んでください ね。

Lesson 4

妄想で「キレイ」と「健康」を手に入れる!

美容や健康面は、どうしても現実をはっきりと目の当《ま》たりにしてしまいます。

そこで力を試されるのが、**「現実は知らん力」**！

この力を上手に使えば、必ず現実を望むものに変えていくことができます。

「現実は知らん力」を駆使しようとしても、どこか痛む体。痩せてキレイになりたいのに、鏡や体重計を見るたび、現実を突きつけられる……。

だからこそ、望む未来に意識を向ける癖をつけましょう。

元気になった自分、痩せてキレイになった自分はどんなふうに毎日を過ごして、どこに出かけているのか。今の姿は違うとしても、脳内にいるその姿を鏡に映し出して惚れ惚れしてください。

それでは、具体的に見ていきましょう。

痩せてキレイになりたい!

必要
妄想力+現実は知らん力

「今ぽっちゃりしてるから、このぐらいなら食べてもいいや」といつもどおり食べることを許可

ナイスバディな私になりきって過ごす

今までどおりの思考、行動のままでいると、やはり現状維持のまま。**「望まない現実」を変えたいならば、思考や行動を変える必要があります。**

こう書くと難しく聞こえるかもしれませんが、実際は簡単！「現実は知らん力」を駆使してナイスバディの私になりきって過ごしましょう。

まず、あなたが本当に「私もあんなふうになりたい」と心の底から憧れる体型の人をモデルに選んでください。たとえスーパーモデルや国民的人気のアイドルであっても、自分の心がときめかなければなんの意味もありません。

自分の理想とするモデルは、身近な人でもかまいません。よく行くカフェのかわいい店員さんや、友達だっていいんです。自分の心がウキウキと躍る、本当に心から憧れる人をモデルに選んでください。

また、**今の自分の姿がイヤだからこうなりたい、ではなくて、「こんなふうになれたら、なんて素敵なの」とただひたすらその人にハートマークを飛ばしましょう。**

「これぐらいならなれそう」と、現実から願いを設定するのではなくて、最高の未来を！　本当に自分がウキウキ、にやにやできる最大級の理想を描いてください！

「私は食べたらすぐに太る」「お腹のお肉はなかなか取れない……」なんていう思い込みを大事に持っている必要はありません。知らんし、いらん！

たとえ、今までが「食べたらすぐに太る」「お腹のお肉はなかなか取れない」という現実だったとしても、これからもそうだと決める必要はないのです。

いつもの癖でつい「私って食べたらすぐに太るのよね～」と言ってしまったときは、「なーんちゃって！　今まではそうだったかもしれないけど、これからは食べても痩せていくんだ」と「食べたらすぐに太る設定」を**「食べても痩せちゃう私設定」**に変えてしまいましょう。

「食べれば食べるほど痩せると思えばそのとおりになるのね。よし！　私は食べれば食べるほど痩せる！……本当に……？」

現実は、「自分が思っていること」がそのまま反映されていきます。しかし、そうするには「思おうとしている」「そう思ってるはず」という程度では足りず、潜在意識レベルでそう思い込む必要があります。

つまり、もし潜在意識レベルで「私って食べれば食べるほど痩せるのー♪」と思っていれば、そのとおりに食べれば食べるほど痩せていき、理想的な体型を維持できるという現実になるのです。

ちなみにスーパーモデル体型でも何でもない私は、やはり「食べれば太る」と思っています（正直に言っちゃった！）。ですから「食べれば食べるほど痩せる設定にしよう」と無理をするよりも、「痩せたいから食事も控えめに、運動も程よく」を実行するほうが楽チン！

無理はしない！　頑張りすぎない！　なぜなら、無理をして頑張りすぎて、続かなかったら何の意味もないからです。**現実を変えるために大切なことは、地道に続けること。**自分が無理なく、楽しみながらできる方法は、必ずあります。

「痩せた私」を妄想していたら、自然に食事の量も減って体も動かすようになった

あなたが見たいのは、自分のキュッとしまったウエストですか？　小顔？　スッキリした背中？　プリンとしたお尻？

今からその姿を妄想の中で見つめながら、日々の生活を過ごしてください。きっと、その素敵な姿が現実になる日が来ます。

理想的なスタイルになった自分になったつもりでご飯を食べて、テレビを見て、ストレッチをする。階段を昇るときも最高のボディを手に入れた自分で！

仕方なく階段を昇るくらいなら、スッと背筋を伸ばしてエスカレーターに乗る。ですが、エスカレーターを使う1～2回が10～20回になって「エスカレーターを使うことが当たり前」にならぬよう、階段と仲良くなりましょう。

好きな彼から言われちゃった!
キレイになったね
先輩ステキ〜
みんなの憧れの存在
スキニーも似合っちゃって!
私は 運動するから大丈夫
太っちゃうね
ドリームキラー

また、**理想体型になったら身につけたいアイテムも妄想しましょう。**

スキニージーンズや大胆なビキニ、背中がざっくり開いた素敵なドレス、ヒール靴。

「私も○○さんみたいになりたい！」という周りの声。

好きな彼からの「痩せてキレイになったね」という言葉。

「現実になったら嬉しいな」と思う妄想シーンを、何度も思い浮かべてくださいね。

もしかしたら、ダイエットを決意した途端に、なぜか食事に誘われる機会が多くなったり、やたらとお菓子をもらうなど、あなたのダイエットを邪魔しようとする「ドリームキラー」が現れるかもしれません。

何でもかんでも我慢することはありません。甘いものは敵ではなく、幸せにしてくれる存在ですから、食べたいときは思いっきり幸せを感じながら食べてください。そして食べたら、次の食事を控えめにしたり、ストレッチをするのです。

もちろん、「今は食べることは控えたいな」というときは断ったっていいし、もらったものを誰かにあげたってかまいません。

「痩せて理想的な体型になった自分ならどうするか」を常に意識してくださいね。

体重が増えちゃった！

必要 **現実は知らん力**

「最悪！　今日はご飯抜きよ！」

「1kgや2kg、それがどうした！」

『ほらねまた一喜一憂しているよ』……突然、クオリティーが低すぎる川柳が出てきましたが、ダイエットだけではなく、「引き寄せの法則」全般で多くの人が陥りがちなのが、**「目の前の起きた出来事に一喜一憂しすぎてしまう」という罠**。

何かがうまくいけば「やった！　引き寄せた！」と大喜びする。

何かにつまずいた途端、「やっぱり私に引き寄せなんて無理」とどん底まで落ちる。

でも、うまくいっているときもうまくいかないときも、どんなときでも平等に作用しているのが**「引き寄せの法則」**です。

自分が望んでいることとは違う出来事が起きたらびっくりしてしまうのも当然です

が、気持ちが落ち着いたら、「1kg増えたのは、なんでだろう？」と考えてみましょう。

「ここ数日、ちょっと食べすぎちゃったかも！」と感じたなら、〝本当は食べなくてもいいのに〟無意識に口にしているものはないかと振り返ってみましょう。

もしかしたら、「自分が1日に口にするものを意識してみてね」「食事の時間を大切にしてね」「味わって食べてね」という、体からのお知らせかもしれません。

「食事も控えめにしてるし、運動もしてるのに体重が増えるなんて」とショックを受けちゃいましたか？　でも**本当の目的は「体重を減らすこと」よりも「自分にとって理想的な体型を手にして、それを維持すること」**（さらにはそれによって健康的で、幸せな気分を味わうこと）ですよね。

ですから、**体重の増減だけで一喜一憂する必要はありません！**

「胸とお尻がセクシーになったわ！」

そもそも「体重が増える＝良くないこと」だと誰が決めたんでしょう。胸とお尻がますます魅力的になり、セクシーボディになっただけ。

体重は1～2kg増えたかもしれないけど、そうなることで、魅力的な体型に近づいているのかもしれませんよ。

人は、物事を目にうつるものだけで判断してしまいがち。

でも、**自分が魅力的な体型になっているかどうかを決めるのは、体重だけではありません。**

体重の増減に一喜一憂するのは疲れること。あまり気にしすぎないようにしましょう！

肌が荒れちゃってる……！

「こんな顔、もう見たくない……」

「今は、キレイな肌になるための途中過程なのね！」

必要 妄想力

「たかが肌荒れ」と人は言うかもしれませんが、肌は他人からも見える部分であり、大きなコンプレックスになります。

「美肌になりたい」と思っても、今鏡に映る自分の顔は美肌とは程遠い……。実際に叶った状態（美肌）になったことがないから、叶った状態をリアルに感じることが難しい……ということもあるかもしれません。

そういう場合は、**「こんなふうになれたら素敵だろうな」**と思う人を見つけてみてください。有名人でも、身近にいる人でも誰でもＯＫです。そして、その人が受けている賞賛の言葉を自分が受けたら、どう思うかを妄想してみるのです。

「本当にキレイ!」「肌ツルツル!」「私もあなたみたいになりたい」……。
これらの言葉を受けているのは、憧れのあの人ではなくてあなた。

今、目の前の鏡に映っているのが理想とは遠い姿だとしても、目で見るのではなく、自分の理想の姿を心の鏡に映し、他人事ではなく自分のこととして感じてください。

他の人が感じている喜びも、自分のもの。他の人が感じている幸せも、自分のもの。

そんなふうに世界を見ていくと、その喜びも幸せも、きっと自分のものになっていきます。

元々の肌質もあり、何をしても肌が荒れない人、一生懸命お手入れをしても肌が荒れやすい人がいるのは確かです。

私も長年、しつこいニキビで悩んでいたので、心の目で肌がキレイな女優さんを自分の肌に重ねて見ていました。肌が強い友人を見ては「こんにゃろー!」と思うこともしばしばですが、一生付き合っていくのは友人の肌ではなく、自分の肌。

たとえ今、荒れてしまっているとしても、キレイで理想的な肌になるために一生懸命肌は闘ってくれている。そう思って、大切にお手入れしてあげてくださいね。

必要
現実は知らん力

風邪をひいてしまった

「あーあ、また長引くかな」

「2日後には治る！」

私の妄想苦手分野の第1位は「お金」ですが、実は第2位は「健康面」です。

「私はすぐに風邪をひく」「風邪をひいたら長引く」

こんな強い思い込みがあり、まさしくそのとおりの現実になっていました。

でも、これも今までと同じ。今までがそうだったからといって、この先もそうだと決めつけることはないのです。

「えっ？　風邪ってひいても2日で治るんでしょ？」くらいの気持ちで、自分の辞書から「風邪／一度かかったら長引く」の欄を消してしまいましょう。


喉が痛くなっても「少し乾燥してたせいだな。でも2日後には治ってる！」。

微熱が出ても「お！　体に入ってきたウイルスをやっつけてくれてるのね。2日後にはスッキリしてるな！」。

こんなふうに思うようにしたところ、風邪らしき症状が出ても本当にすぐに治るようになりました。

ちなみに「明日」ではなく「2日後」なのは、「明日には治る」と思おうとしても「いや、明日はちょっと無理かも」という思いが勝ってしまいがちだからです。

「ゆっくり休もう」

それでもどうしてもつらいときは、ちゃんとお医者さんに診てもらって、ゆっくり休んでください。

体調を崩したときは**「最近頑張りすぎているから、少し休んで」という体からのSOS**でもあります。

風邪をひいて寝込んでしまっていることを嘆くより、ゆっくり布団で休めることをありがたく感じましょう。

必要
受け取り力

家族や大切な人が病気でつらい

「なんとか元気になってもらわなきゃ！
えっと、まずは思考を変えてもらうことから始めて……」
まずは自分が笑う（できる範囲でＯＫ）

大切な人の前で笑うことが、大切な人を幸せな気持ちにしてくれる。

それは病気も治す力がある。

私は、そんなふうに信じています。

ですから**病気の人には「心配」という感情を届けるよりも、「私、毎日ちゃんと楽しんでるからね」と「楽しいパワー」を送ってください。**

「いい気分になってもらおう」「治ってもらおう」と働きかけるよりも、自分自身がまずできる範囲で、楽しめること、ホッとできることを見つけてみてください。

誰もが明日も100%生きているなんて、言い切ることはできません。

でもそれを、過剰に怖がったりしないでください。

どんな関係であれ、いつかさよならのときは来る。だからこそ、笑いたいときは笑いましょう。

だけど、笑いたくないときに無理して笑う必要はありません。

無理はしないで、いつも自分の心に寄り添ってあげてください。

自分のことも、もっと大切にしてあげてほしいのです。介護はとても大変ですが、手を抜けるときは抜いて、たまには愚痴っちゃいましょう!


数ケ月前、私の父は入院していました。

透析患者でもある父は、入院当時は食も細くなり、筋力も衰え、かなり物忘れも出てきていました。

父がおかしいことを言ったとき、娘の私としてはやはりつらく感じました。

だけど毎日人工透析をして体の負担も相当であるはずの父にとっては、もしかしたら少々の物忘れがあるほうが、幸せな状態なのかもしれません。

「病気で良かった」なんて言うことはできませんが、父が入院していることで、父に「あーん」とご飯を食べさせてあげる私の娘の姿を見ることができたし、孫に甘えて、お茶まで飲ませてもらっている父の姿を見ることもできました。

いやがりもせずに、嬉しそうに「あーん」してあげる娘と、食べさせてくれる孫の姿に、涙を流して感激する父。それを嬉しそうに見つめている母。そしてそれらを見て心がほわんとあたたかくなった私。

父が元気だったら、きっと見ることができなかった姿。

父が病気で入院しているのは、つらい。ですが、このつらい状況の中でしか知ることができなかったかもしれない愛を見つけることができました。

「今目の前にある現実」は変わらないとしても、それをどう捉えるかはいつも自分次第なのです。

Lesson 5

妄想で好きな生活を手に入れる!

私がいつも夢焦がれていたのは、「毎日が夏休み状態」です。

朝は好きな時間に起きる生活。時間もお金もたっぷりあるから、好きなときに好きな場所に行ける。近くのお気に入りのカフェはもちろん、北海道にだって沖縄にだって行けてしまう。お日様の光がまぶしいときは、ベッドにごろんと横になって好きなだけお昼寝だってできる……。

ね、いいでしょう?

私がこんなことを願うようになったきっかけは、働きに出るのがイヤだったからです。……こう言ってしまうとなんだか語弊がありますね。

外で働くのがイヤになるくらい、家が大好きすぎたんです。


育児、家事をしながらブログを書き、会社で働いていたあの頃。

毎朝5時に起きて洗濯物を回し、お弁当を作り、朝ごはんの支度をし、娘を学校に送り出したあと、ようやく自分の出勤の時間。

ブログも書きたい、本の原稿も書きたい(外に働きに出ていたときは、2冊目の著書『「頑張らない」で引き寄せる!』の執筆中でした)、本当はもっとゆっくりと娘と一緒に過ごしたい。

願望は山ほどあふれてくるのに、あまりにも時間がなくて何も叶えられない毎日。

働きに出ることを選んだのは私です。でも、あるとき思ったのです。

「家で仕事がしたい‼」と。

✿未来の分かれ道は「辞めたい」と思ったあとの考え方

子供が体調を崩して学校を休めば、自分も仕事を休まなくてはいけない。理解ある職場であっても、やはり欠勤の電話をかける時は肩身が狭いもの。世のお母さん方、本当にお疲れ様です！　あなたの働きは国民栄誉賞モノですよ！

とはいえ、「もうイヤだ」と思って仕事を辞めることができたらいいけれど、そう簡単にはいかないとご立腹の方もいることでしょう。

「辞めたい！」と思ったその日に宝くじで何億円も当たって、会社にもまったく迷惑をかけずに辞めることができたという方はいませんよね（いや、もしかしたらいるかもしれませんが）。

私だってふざけたことを書いてはいますが、一応、社会人。辞めたいと思ったその翌日に退職したわけではありません。

未来の分かれ道は、「辞めたい！」と思ったあとの「自分の考え方」です。

「辞めたい！」と思いながら、イヤイヤ仕事を続ける。

「辞めたい！」と思ってはいるけれど、収入を得ることの喜びや、人の役に立てている幸せを見つけながら、仕事を続けていく。

私も「辞めたい」と思ってから数ヶ月は、このような状態でした。

「辞めたい」と思ってから数ヶ月間は、自分の頭の中で「未来をつくる期間」です。

「イヤだ」と思っているということは、現実は望んでいないもののわけです。その「望んでいない現実」に押しつぶされるのではなく、パワーに変えてみせるのです。

私の娘は、私が外に働いていることに対してよく「さみしい」と口に出していました。そう言っているときの横顔、さみしそうな声。母親として、なんともつらい瞬間です。それを、パワーにして決意に変えたのです。

「よーし!　私は家で仕事をして、十分に稼ぐぞ!」と。

✿「やってみたい」と思ったらとにかく何でもやってみる!

そして今、その願いは叶いました。家で仕事をして収入も得ていますが、ありがたいことに仕事が忙しすぎて、私がいつも眺めているのは南の島の海でもなく、緑鮮やかな高原でもなく、私のかわいいＭａｃＢｏｏｋ。それで文章を綴《つづ》る毎日です。

いえ、とっても幸せですよ!　実は、たくさん仕事をいただいて「忙しい、忙しい」と言っている自分にも少し憧れていたのが見事に叶ったんですから!

ですが、私の頭の中にはいつもいるんです。

すべて叶えて冒頭に書いたような「毎日が夏休み状態」になっている私が。

でも、どうやって叶うんでしょう!　その方法や手段は?

そんなもの知りません!　**手段を考えようとすると「そんなことあるわけない」と「ちゃんとした自分」が全力で否定**してきます。

ですから、**手段を考える必要はない**のです。

でも、手段を考えなくていいというのは、「何もしなくていい」ということではありません。

「やってみようかな」「なんか気になる」。そんなサインがあったときは、とにかく何でもやってみてください。

「お金持ちになりたい」という願いも、「ふと気になった場所に行ったら1億円が置いてあった」という形で叶うわけではありません。

お金持ちになるまでに、仕事のアイデアが生まれたり、人との出会いがあったりと、そういった過程もとても大事になります。

夢や願いとはまったく関係がないように思えるような「ひらめき」を大切にしてほしいのです。

では、仕事や好きな生活を手に入れるにはどうしたらいいいか、具体的に見ていきましょう。

仕事を辞めたい

必要
妄想力＋現実は知らん力

「でも生活があるし、辞められるわけないか……」

「辞めたら、あんなこともしてこんなこともするんだー♪」

「仕事を辞めたい」と感じたときは、「どうして」仕事を辞めたいと思うのかを考えてみてください。

「働くのがイヤだから」「今の仕事がつらいから」というように、「今がつらいから」と、現実のつらい部分にフォーカスしてしまう場合。

「イヤなことから逃れる」ために何かを願ってしまうと、潜在意識が本当の願いを取り違えてしまって、仕事を辞めるという願いは叶ってもその理由が体を壊してしまったからだとか、お金は入ってきたけど家財の故障が相次いだりしてあっという間にお金が消えてしまうなど、「なんか違う」という事態に陥りがちです。

不足感から生まれた願いは、また同じように不足を感じる現実を引き寄せてしまうのです。

イヤなことは、イヤでいい。けれど、「うんうん、この状況がイヤなんだね。で、どうなりたいの？」と自分に問いかけてみる。

それにはまず**「自分がどういう毎日を送りたいか」をちゃんと知る**ことが重要です。

私の場合は、「とにかく時間の自由が欲しい」「娘の帰宅を家で待ちたい」「書くことを仕事にしたい」でした。もちろん「仕事はしたくない」と思うなら「好きなことだけをして生活する」という願いでもかまいません。

辞める、辞めないという**「今、目前に迫っていること」よりも、「辞めたあと」に意識を飛ばしましょう**。それもしょっちゅう！

仕事を辞めて、時間からも解放されて、そしてお金も十分にあったとしたら……。考えるだけで楽しいですよね。そう、**「現実はあと」でいい**のです。

何かを願う、ということは、現実は違うわけです。しかし何度も言いますが、現実が望んでいるものではないとしても、その状態がこの先も続くわけではありません。

「この先も、ずっとこのまま今の現実(自分が望んでいない現実)が続いていく」と思い込んでいれば、**望んでいる、いないにかかわらず、思い込んでいることがこの先も現実になっていきます。**

「運が良い人だけが願いが叶う」のではなく、「強く願ったから願いが叶う」わけでもなく、「一生懸命努力したから願いが叶う」わけでもありません。

願いが現実になるかどうかは自分の波動次第。それなのに、辞める前に生活のことを考えるのは、自分の願いを否定しているし、現実もしっかり見てしまっています。

現実が「望んでいないもの」で、毎日が試練のように感じたとしても、今できることがあるなら、やる。するべきことがあるなら、する。

今は自分にとって必要な経験値を上げているだけ。今はまだ叶っていないけど、近いうちに願いは必ず叶う。

近い未来に、自分の思いどおりの毎日を送っている。そのときが来るのを、にやにやしながら楽しみに過ごしましょう!

この職場で働きたい!

必要 妄想力

「競争率が高いから、私には無理かな……」

「こんな服装で通勤して、お昼はここで食べよう!」

誰もが「毎日が夏休み」を望んでいるわけではなく、バリバリ働くことが幸せな人もいます。

「仕事を辞めたい」という願いとは逆に、「こういう仕事がしたい!」「この会社で働きたい」という望みがある場合はどうしたらいいでしょう。

その場合は、**希望の会社に採用される前から、その職場で働いているつもりになってみましょう**。

その会社で働いている人は、どんな服装で通勤していますか? 自宅からの交通手段は? 近くにランチができるようなお店はたくさんあるでしょうか。

自分が着ている服や乗っている電車、お昼を食べているであろうお店、夏休みなど長期休暇の過ごし方など、「この会社で働くようになった」生き生きと働いている自分の姿を妄想してください。

それでにやにやできたなら、しめたもの。そのにやにやは必ず幸せな現実を引き寄せてくれます。

あなたの本当の願いは**「その会社で働くこと」ではなく、「その会社で働いて充実感を感じている自分」**。

ただ形だけを求めるのではなく、**「その会社で働くことで自分がどうなっていたいか」まで、妄想を広げてみて**ください。

「どうせ無理だ」と願いを否定することはしないで、自分の願いを大切に温めてくださいね。

やりたいことがあるけど、失敗したらどうしよう……

必要 受け取り力

「失敗なんてしない！　頑張らなきゃ！」

「失敗してから考えればいいや」

やってみてダメだとわかった……それは失敗でもなんでもありません。また別の方法を考えてみたらいいだけのことです。

失敗を恐れるよりも、まずは一歩踏み出してみる。

私はジェットコースター系が苦手なのですが、決して嫌いではないので「えいや！」と勇気を出して乗ります。

すると、１回目は思ってもみないところで急カーブがあったりするから、確かにすっごく怖い。

2回目は、一度経験しているから、どの辺で急カーブがあるかもわかっているので、少し恐怖感は薄れます。少し余裕を持って楽しむこともできます。

これと同じで、お化け屋敷も初めて入るときはものすごく怖いですよね。

だけど、2回目に入ったときは恐怖は薄れています。一度経験して、どこで何が出てきて、何が落ちてくるかをわかっているからです。

「経験してみる」ことは、ものすごい強みになります。

失敗しないように気をつけながらやるよりも、失敗してもいいから全力でやってみる。

失敗したっていいんです。

失敗してからどうしようか考えれば、それで大丈夫。

本当の失敗は、「失敗を恐れて何もしないこと」ですよ!

必要
受け取り力

才能が何ひとつない

「成功するのは才能がある人だけよね。私にはどうせムリ……」

「私はなんでもできる可能性を持っている！」

何の才能もない人なんていません。**才能はあるかないかではなくて、それを見つけたかどうかの違い**だけです。

野球のイチロー選手や、将棋の藤井聡太さんはまぎれもなく天才ですが、もしもイチロー選手が野球と出会っていなかったら、藤井さんが将棋と巡り合っていなかったら、「天才」だと呼ばれることはなかったかもしれません。

スポーツや音楽、文章や絵のうまさ、生まれ持った美貌だけが才能ではありません。車を運転できる。

さて私にはどんな
才能が
あるのかな？
ワク
ワク
ワク
ワク♡
見つけるのが
たのしみ!!

初めて行った駅で、迷わずに目的の場所までたどり着ける。

布団カバーをビシッとキレイにつけることができる。

冷蔵庫にあるものでパパッとおかずを作ることができる。

音程を外さずに鼻歌を歌うことができる。

これらも、立派な才能です。

これ全部、私にはできません。こんなことをあっさりできるなんて、なんてうらやましい！


「才能がない」と思っているのはただの思い込みで、「まだ見つけていない」というだけのこと。

そして、**何もないということは、逆を言えば可能性のかたまり**だということです。

人も、真っ白なキャンバスと同じです。

真っ白だからこそ、何でも描ける。そこには無限の可能性があるのです。

誰も叶えたことがない壮大すぎる夢がある

必要 現実は知らん力

「こんな夢、叶えるのは無理に決まってる……」

「やった！　私が世界で初めての人になれる！」

人類初の有人飛行を成功させたライト兄弟。人間だって空を飛べるはずだと信じていた彼らも、度重なる失敗に落ち込み、「人類はこれから1000年経っても飛ぶことはできないだろう」と弱音を吐いたこともあります。

「俺があきらめたら、人類が無農薬でのリンゴ栽培をあきらめることになってしまう！」というセリフが、映画『奇跡のリンゴ』で出てきますが、今までその夢を叶えた人がいないなら、**自分が世界初の人になってしまえばいい**んです！

あなたが歴史に名を残す人物になる日も近いですよ！

夢を叶えたいが、叶え方がわからない

必要
妄想力

「叶えるにはこうしてああして、あれもやってみたらいいかな?」

「叶ったら、こんな生活を送ろう!」

「叶え方」を探すよりも「叶えたあと」に意識を飛ばしましょう。

「夢を叶えること」に必死に頑張るよりも、「叶えたあと」に意識を飛ばし、**「こんなふうになったらなんて素敵だろう」とワクワク過ごしているほうが、よっぽど夢の実現に近づきます。**

その**ワクワクが、夢実現の原動力になってくれる**からです。

もちろん夢を叶えたあとも、日常は続きます。それは、今と変わっている部分もあるし、変わらない部分だってきっとあるはず。

まだ夢が叶っていない今も、夢を叶えたあとも、毎日ご飯は食べる。ならば今から、夢を叶えたつもりになって、幸せを感じながらご飯を食べてみるのです。
さあ、夢を叶えたあとのあなたは、どんな家でどんな生活をしていますか?
家の周りは、どんな環境ですか? 海の近く? 緑がいっぱい?
部屋の間取りはどんな感じですか? 窓の大きさは? 窓の数はどれくらい?
テーブルはどんな大きさで、置いてある食器はどんな食器で、いくつありますか?
一緒に暮らしている人は誰ですか?
毎日何時に起きる生活ですか?
起きて、朝ごはんを食べたら何をして過ごしますか?
好きなことを仕事にしていますか? 好きなことだけをしている生活ですか?
ランチは、どんなものを食べますか?
午後は、どんなことをして過ごしますか?
夕食を食べるのは外ですか? お家ですか?
お風呂はどんな浴室でしょうか。
どんなパジャマを着ていますか?
毎日眠っているのは、ベッド? それとも布団?

夢を叶えていない今は、叶えたあとの理想の生活を、すべて真似することはできないかもしれません。ですがもし、思い描いた理想の生活と今の生活の違いの中で、今すぐに変えられる部分があれば、変えていきましょう。

たとえばテーブルにお気に入りの食器や素敵な箸置きを置いてみたりして、叶えたあとのワクワクを現実のものにしてみるのです。

そうすることで、**夢を叶えたあとの未来にアクセスし、その未来を自分のもとに引き寄せることができます**。

✿受け身の状態では夢は叶わない！

私も、出版の「しゅ」の字も現実になかった頃から、脳内では「売れっ子作家」でした。現実には何もなくても、何も動いていなくても、売れっ子作家になりきってご飯を作り、子どもの服を着替えさせ、道を歩いていたのです。

私の頭の中では、本屋さんに「かずみん著」の本が並んでいました。しかも大好きな奥平亜美衣さんの本の隣に!!

どこからか聞こえる、「本、読みましたよ!」という読者さんからの声。

そして「かずみんさんの本、売れ行き好調ですよ~」という、編集者さんの声。

でも、私の本当の願いはただ「出版すること」ではありませんでした。

たくさんの人に読んでもらって、できることなら「面白い」と思ってもらいたい。

そして、一冊だけじゃなくて何冊も出せるようになりたい。

その夢を叶えるために、まず最初の「本の出版」という願いが叶ったのです。


「誰かが声をかけてくれたら、本を出そう」

そんなふうにいつまでも受け身の状態で出版の夢を願っていたら、私の夢はずっと叶わなかったことでしょう。


まずは、自分が先。

「もうすでに叶った未来」を基準にして、考え、行動してください。そうすれば、現実が動き出してくれます。

夢のような生活は、決して夢ではありません。

空気を吸うくらい当たり前のように、この毎日が叶うときがきっと来ます。

Lesson 6

妄想で人間関係をクリアにする!

心や体は「事実」よりも「自分がそう解釈したこと」に反応してしまいます。

特に家族関係や人間関係においては、事実は違うのに「勝手に解釈してしまう」ということがありがちです。

たとえば、同僚がただ昨日見たお笑い番組の話をして大笑いしていただけなのに、たまたまそのうちの一人がこちらのほうをチラッと見たというだけで「あ、私のことを笑ってる」と落ち込んでしまうことがありませんか？

自分以外の他人の心を読むことは不可能です。

ならば、推測で判断したり、深く考えるのはやめておきましょう！

そんなの疲れてしまうだけです。

相手を変えようとするのではなく、捉え方を変えて、自分と相手の違いを受け入れていきましょう。

友達がいなくてさみしい

必要 受け取り力

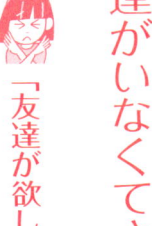

「友達が欲しい！　でも、どこで探せばいいの？」

一人でも楽しめる趣味に打ち込んでみる

友達がいなくてさみしい、友達が欲しい！　と思っているのであれば、**友達を作ろうと頑張りすぎず、自分が好きなことを楽しんでみましょう**。

今ではＳＮＳがあるので、読書好きな人は読書好きの人とつながれるし、映画好きな人は映画好きの人といとも簡単につながることができます。

また、ＳＮＳでなくても音楽好きな人であれば、行ったライブで友達ができる、ということもあります。

「一緒にご飯を食べに行く友達が欲しい」「友達と一緒にショッピングに出かけた

い」「一緒に旅行へ行く友達が欲しい」と思うなら、友達を作るよりも先に、一人で楽しんでしまいましょう！

私はこの春、宮古島に旅行に行ったのですが、レンタカーで一人で旅行を楽しんでいる素敵な女性がいました。

旅行だけではありません。一人カラオケ、一人焼き肉などという言葉があるように、一人で行動していても、誰もヘンな目で見たりはしません。

そんなふうに趣味を楽しんでいるうちに、磁石に引き寄せられるように素敵な友達との出会いがあるはずです。

これは恋愛でもお金でも同じなのですが、**「欲しい」と思っているときは、なかなか手に入らないことが多いもの。**欲しい欲しいと思っているものほど、遠ざかっていくんです。

「友達がいなくても、十分楽しい」という状態になれば、自然と「友達が欲しい」という願いも叶いますよ。

「一人ってなんて気楽なの！」

また、もともと友達付き合いが苦手で、特に友達を欲しいと思っていない場合。

そういう人は、世間の「友達がいないなんておかしい」という声に惑わされて、「友達を作らなきゃ」なんて思う必要はありません。

友達付き合いにストレスを感じるくらいなら、友達がいなくたって別にかまいません。


友達は、いたらいたでいいし、いないならいなくていい。


それくらい気楽に考えていれば、ひょんなことから友達ができるかもしれません。

そうでなければ、このまま一人の時間を楽しむのもまた良し！　ですよ。

イヤな上司がいる

必要 現実は知らん力

「あんなやつ、いなくなればいいのに！」

「あー、また石につまずいちゃった」

「また今日もイヤなことを言われた！　あいつさえいなければもっと楽しく仕事ができるのに！」……イヤなことを言われた日は、そんなふうに考えたくなることもありますよね。

でも、そこで「イヤなあいつを引き寄せたのは私の思考のせい？」なんて深く考えることはありません。「あいつがイヤなやつ」なのはその人の問題。

あのマザー・テレサだって、石を投げつけられたことがあるんです。

ですから、どんなにイヤなことを言われても、どんなにイヤなことが起きても、**「ありゃりゃ、石につまずいちゃった！」ぐらいの気持ち**でいましょう。

「イヤなことを言われた」ことに対して「あーもう! 今日はアイツのせいで本当に最悪だった!」といつまでも引きずると、その思考がまたイヤな出来事を呼び寄せるかもしれません。

ここは気持ちを切り替えて、「またこんなふうにイヤな気分にならないために、できることはあるかな?」と考えるのです。

自分の思考まで、イヤなあいつに「こんなふうに考えるんだぞ!」と強制されることはありません。

「イヤなことが起きたあとの思考」は、自分で選択することができます。

幸せかそうじゃないかを決めるのは、自分以外の誰かじゃなくて、いつも自分。

幸せの決定権を他人に委ねないようにしてください。

ある人に不幸になってもらいたい

必要
妄想力

「あの人にバチが当たりますように！」

それよりも、幸せな自分の姿を妄想

誰かをずっと憎み続けていると、素直な潜在意識は「あの人を憎むことが大好きなんだな！　よし、じゃあもっと憎ませてあげよう！」と張り切ってしまいます。

これはとても危険な状態です。

その思考が現実化して、もっと相手を憎まずにはいられないような現実が起きる恐れがあるからです。

でも、あの人が不幸になったからってあなたが幸せになるとは限りません。

また、その人が不幸になって一時的に気が晴れたとしても、それは幸せとは呼べませんよね。

不幸になってもらうことよりも、自分が幸せになることを選びましょう。

「憎しみ」の種を蒔けば「憎しみ」の花が咲き、「幸せ」の種を蒔けば「幸せ」の花が咲くのだと心に刻み込んでください。

子どもの成績が良くない

必要 受け取り力

「またこんなに間違えて！」

「この問題は解けてるじゃない！」

この間のお子さんのテストは何点でしたか？　10点？　すごい！　1問か2問、ちゃんと正解しているじゃないですか！

×より○を見るのです。０点でも名前を書けたことを褒めましょう。

人生は、１００点を取り続けるためのものではありません。いかに楽しむか、です。

10点なら、10点を面白がってみる。

０点なら、「おお！　本当に０点なんて存在するんだ！」と感動してみる。

たとえ**テストが０点でも、お子さんが元気に生きている。それだけで１００点**です。

子どもが勉強しないでゲームばかり

必要
受け取り力

「ゲームなんてやめて勉強しなさい！」

「なんて素晴らしい集中力かしら」

ゲームに夢中になっているときの子どもの目。それは**一切余計なことを考えず、一点に集中しているときの目**です。「勉強しない」ことを責めるよりも、その素晴らしい集中力と、ゲームの腕前を褒めてみましょう。

そして、子どもが「もうやめようよ」と言うぐらい、親のあなたも一緒にゲームに熱中しましょう。ゲームは頭を使うので、熱中すれば脳みそも空っぽになり、ストレス発散ができますし、体を使うものであれば運動不足も解消できます。

「ゲーム＝悪」ではありません。やめろと言ってやめられるものではないなら、一緒に楽しんだもの勝ちですよ！

夫が家のことを何もしてくれず、イライラする！

必要 **受け取り力**

「少しは何か手伝ってよ！」

「あ！　これ、やってくれてるじゃん！」

「育児をして仕事もして、私は家事だってしてるのに、あなたは何もしていないじゃない！」……ご飯を食べ終わったあとの食器を片付けもせず、スマホをいじっている夫を見てそう言いたくなることもあるでしょう。

怒りを爆発させる前に、ちょっと思い出してみてください。

本当に、旦那さんは何もしてくれていませんか？

私の夫は、してくれるんです。

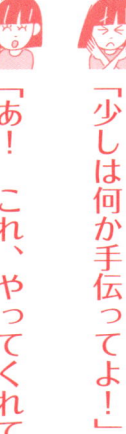

トイレに入ったあと、トイレットペーパーを三角に折ってくれるんです。

いやいや、やってほしいのは絶対にそこじゃない！　それ、家事じゃない！　とツッコミたくなるのは置いといて、イラッとするたびに思い返してみるんです。

洗濯も洗い物も掃除も私だけがやっている。だけどトイレットペーパーを三角に折っているじゃないか。

子どもの学校の準備も、寝起きが悪い子どもを起こすのも、回覧板をご近所に届けに行くのも、私だけがやっている。でもトイレットペーパーを三角に折ってくれているじゃない！　と。

すると、ある日夫が急に動き始め、物置部屋状態になっていた部屋を片づけ、不用品をすべて処分し、改造して、私の仕事部屋にしてくれたのです！

前は狭いスペースにデスクを置いて原稿を書いていましたが、今はデスクの隣に本棚があるし、プリンターも使いやすい場所にある。おかげで快適そのものです。

これも、三角に折られたトイレットペーパーに感謝していたからこそ。

「ない」を見ていれば「ない」が拡大していく。

「ある」を見ていれば「ある」が拡大していく。

この法則を、覚えていてください。

また、誰かにイライラしてしまうのは、自分の中にある**「こうあるべき」だという強い思い込み**の表れです。

たとえば、私は絶対に早め早めの行動をしたいタイプで、約束があるときは必ず15分前には着いていたいのですが、夫と娘は超マイペース。夫は新幹線の出発時刻5分前でも「立ち食いそばが食べたい」とお店に入ってしまうんです。

「今食べなきゃダメなの？」とイライラすることもしばしばですが、そうすることで、夫は私に「そんなに時間ばかり気にしていないで、たまにはのんびりしたら」と教えてくれているのかもしれません（絶対にただ食べたかっただけだと思いますが）。

よく考えてみたら、夫も娘も時間を気にして焦るタイプだったら、私自身もますます時間に追われて疲れてしまっているかもしれません。マイペースな夫と娘のおかげで、私たち家族はうまくバランスがとれているのです。

あなたも、何にイライラしているのかを見直してみると、「こうあるべき」というこだわりが見えてくるかもしれません。

そして、そこには、あなたがそうすることで疲れてしまっていることや、あなたを縛っている「何か」が見えてくるかもしれませんよ。

立ち止まって、ぜひ見直してみてください。

必要　**現実は知らん力**

夫と大ゲンカしちゃった！

もうケンカなんてしないように頑張る

とりあえず深呼吸！

もともとは赤の他人だった人と毎日一緒に過ごしているんですから、うまくやっていけるほうが奇跡。**ケンカすることなんて、あって当たり前**です。

むしろケンカしないで過ごせた1日があれば、「おお！　すごいじゃないか！」と盛大に感激してみましょう。

ケンカをしたときは心がモヤモヤするかもしれませんが、ケンカをしたからこそわかり合えることもあるはず。

ケンカしないように頑張るよりも、「ケンカしたって大丈夫」という気持ちでいるほうが、ケンカは減っていきますよ！

必要 現実は知らん力

お姑さんが苦手……

「次こそは笑顔で接するぞ!
……また意地悪なことを言われちゃった……」

「あきらめよう!」

ご縁があって家族になったものの、お姑さんだってもともとは他人。血のつながった家族ですら、相性が合わないことだってあるんですから、うまくいったら奇跡です。

そう思えば、お姑さんのすべての言動が優しく思えてきませんか?

「あら、ちょっと太ったんじゃない?」↓「あらあら、大事なお嫁さんなんだから健康管理はちゃんとしてね」

「今の家事は楽でいいわね～」↓「便利な家電を使って、できる限り楽をしてね!」

「あそこのお嫁さんは素晴らしいわね～」↓「うちのお嫁さんも素晴らしいけど、照れちゃって言えないのよ～」

ね、こんなふうに変換できてしまうのです。

ちなみに、私はお姑さんと実の母娘だと間違えられるくらい、仲良くさせてもらっています。ほら！　奇跡はちゃんと存在しているんです！

大切な旦那様と出会えたのは、お義母さんが大事に息子を育ててくれたおかげ。そのように思えたら最高ですね。

「赤の他人だったお姑さんと、仲良くやっていける」

そんな奇跡もきっと、現実のものになっていきますよ。

Lesson 7

妄想でピンチを切り抜ける!

人の思考の9割はマイナス思考だとも言われています。

過去に自分に起きたつらい体験、今現在のうまくいかない出来事、未来への不安、メディアから伝えられる悲しいニュース……。マイナス思考はどんどん拡大していき、その思考がさらにマイナスな出来事を呼び寄せてしまうこともあります。

でも、どんなに幸せそうなあの人も、キラキラ輝いているあの人も、人から見えない場所ではどうかだなんて、誰にもわかりません。見えない場所ではそっと批判に耐えたり、美しくあるための努力を血のにじむような思いでしているのかもしれません。どんな人だって、泣きたくなるようなことはあるのです。

人生が平坦ではなく障害物だらけだと感じるときでも、**起きた出来事はただひとつ。**その出来事をどう捉えるかは、自分次第でいくらでも変えることができます。

起きた事実は変わらなくても、**「自分の現実」はいくらでも作れる**のです。

✿悲しんでも落ち込んでもいい。大事なのは「そのあと」!

なんらかの出来事が起きたあとの、喜び、悲しみ、怒りなどの**「とっさの反応」**は、熱湯に触って「熱い!」と反応するのと同じです。

大事なのは、そのとっさの反応のあと。

現実に反応して、イライラしたり落ち込んだり悲しんだりするのは当たり前のこと。悪いことではありません。だけど、それをいつまでも引きずる必要もないのです。

まずは「私、落ち込んでる!」と受け入れて（ここで「落ち込んだりしたらダメ」などとジャッジしないこと）、「落ち込んでる私、どうした?」とちょっと客観的に見てみたり。

そして、「落ち込んでいる私」より、「にこにこ笑っている私」がいいと思うなら、ちょっぴり楽しいことを考えて、気持ちを切り替えてみましょう。どうしても切り替えができないときは、ふて寝が一番!

✿人生は思い込みの蓄積でできている

同じ体験をしても、みんなが同じ反応をするとは限りません。

たとえば、ここに一杯３０００円の高級コーヒーがあるとします。このコーヒーを前にして、あなたはどう思いますか？

①美味しそう！　絶対飲んでみたい！

②コーヒー苦手だから、いらない

③まあどっちでもいいけど、せっかくだし飲んでおこうかな

ちなみに私は②です。「コーヒーは私の体に合わない」と思い込んでいるし、現実にそのとおりになっています。これは過去にコーヒーを飲むと体調が悪くなるということを何度か体験しているためです。

このように、**自分の思い込みは過去に経験した自分の体験や、他人から言われた言葉など、さまざまなデータから成り立っています。**

では、「恋がしたいのに男性が苦手」という思いが強ければ、どうなるでしょうか。「男性は優しく、自分を守ってくれる存在」だと思っていれば、そのとおりの男性が現れるし、「男性は怖い存在」と思っていれば、その思いを裏づけるかのようにそのとおりの男性が現れます。

ですから、もし過去につらい思いを経験して、「男性が苦手」という意識が生まれ

てしまったのなら、少しずつでも自分の心を癒してあげてください。

乱暴な男性ばかりではないし、浮気をする男性ばかりでもありません。しかし、そう思い込んでしまうことで「本当」になってしまうこともあります。

「優しい男性と出会って、恋がしたい」という願いが生まれたなら、どうか**「過去のデータ」よりも「望む未来」を見つめてください。**

あなたを待っている優しい男性は、必ずいます。

今、苦手意識があったとしても、認識を変えることは必ずできます。

幸せの畑をどんどん育てていってください。

それでは、とっさの出来事が起きたときどうすればいいか、具体例を見ていきましょう。

朝起きたら雨が降っていた！

必要　受け取り力

「あーもう、濡れるし最悪！」

「肌が潤ってツヤツヤー！」

雨だと洋服もバッグも濡れてしまうし、荷物も増えるかもしれないけど、決してそれだけではありません。作物にとっても肌にとっても恵みの雨！　ラッキーですね！

さて私は先にお話ししたように春に宮古島に行ったのですが、行く直前に見た天気予報は、ほとんどが曇りか雨でした。

でも、そこで**「えー、もう最悪！」と嘆かずに、「晴れたらいいな」と「こうなったらいいな」の思いを大切にしてみた**のです。自分の思考が天気まで変えてくれるとは、不思議な力など何一つ持っていない私に言い切ることはできませんが、宮古島に滞在していた5日中3日は雨も降らず、青空を見ることができました。

また、曇りや雨だった日も、「また晴れた日においでって宮古島が言ってくれてるね!」「私たちがもうすぐ帰るから、さびしくて泣いてるんだよ!」と能天気に喜んでいました。**能天気に幸せになったって、誰も傷つけないし、迷惑はかけません!**

「空いてていいね!」

去年の10月にはディズニーランドに行ったのですが、台風の影響で土砂降り! あまりに強い雨だとアトラクションが中止になることもあるし、パレードもお休みになってしまいます。

でもここで「あーあ」と空に文句を言ったところで、急に晴れてくれるわけではありません。「せっかくだし楽しもう!」と開き直ったところ、いつもは混雑しているのに、この日はガラガラ。超人気アトラクションも5分待ちで乗れるなど、かなり満喫できたのです。

旅行のとき雨が降るとガッカリするかもしれませんが、空いている観光地を巡れる絶好のチャンス！　おみやげ屋さんもゆっくりと見ることができますね。

「晴れのときだけ幸せ」ではなく、雨の日も幸せを感じてしまいましょう。

雨と曇りの日にしか咲かない花がある

雨の日には、雨の優しさや雨ならではの美しさを感じることもできます。

雨や曇りの日しか咲かない「スズサイコ」という花をご存じですか？

この花は、陽が差すと花がしぼんでしまうので、早朝か夕方、もしくは雨の日にしか咲いている姿を見ることができません。

雨だからこそ、咲いた姿を見ることができる花があるし、、虹を見ることもできる。

そしてもちろん、**晴れたら青空が美しい。**

嘆かず、**雨ならではの幸せを見つけてください**。

必要 受け取り力

誕生日に、誰からもお祝いメールが届かない……

「誰も祝ってくれないなんて、私って友達がいないんだな……」

逆に、「ありがとう」を伝えよう

誕生日は自分にとってのスペシャルデーです。

「誕生日だから誰かが祝ってくれるはず！」「もしかしたら好きな人がメールをくれるかも！」「復縁したい彼から、久しぶりにラインが届くかも！」……そんなふうに期待してしまう日だったりもします。

でも、**期待するからこそ、ガッカリする**のです。

誕生日はお祝いメールを待つのではなく、**周りの人に「ありがとう」を届ける**

日にしちゃいましょう。

友達に、「友達になってくれてありがとう」。
先生に、「いろいろなことを教えてくれてありがとう」。
好きな人に、「出会ってくれてありがとう」。
そして両親に、「私を産んでくれてありがとう」。

期待して待つだけではなく、むしろこちらから感謝を届けましょう。
最初からそんな気持ちでいたら、もし一人でも「誕生日おめでとう」と送ってくれる人がいたときに、とんでもない幸せを感じるはずです。

批判された！

必要 **現実は知らん力**

「なんでこんなこと言われなきゃいけないんだろう……」

「うわ！　私ってば人気者！」

人は、目立てば目立つほど何か言われるもの。

どんなに美人女優だって、１００人中１００人が好きだと言うわけではありません。

批判されるということは、それだけ人気者だという証《あかし》！

しかも、批判してくる人は、あなたの「ごく一部」しか見ていません。

あなたが陰でコツコツ頑張っているところに気づいて応援してくれる人も、必ずいます。

人の言葉を気にしすぎないで、そのまま自分の道を進んでいってください。

大事な会議の日に寝坊して遅刻！

必要　受け取り力

「私のバカ！　今日は最悪な一日になりそう……」

「朝からダッシュができて、運動不足解消になった！」

長い人生、たまにはこういう日もありますよ！

もちろん遅刻を正当化するつもりはありませんが、**しっかり謝罪と反省をしたあとは、それ以上自分を責めても誰も嬉しい気持ちにはなりません。**

もし、「私は時間を守れない」というセルフイメージがあり、「またやってしまった！」と思ってしまったとしたら、自分のマイナス思考でそのセルフイメージをさらに強化してしまうことになります。

「また大事なときに遅刻してしまう！」

「大切な日に寝坊してしまうなんて、情けない」

イラ立ちや焦りから、こんな思考が生まれてくることもあるでしょう。このような思考を持ち続けていると、**「大事な時に遅刻をする私」「大切な日に寝坊してしまう私」「情けない私」でいなさい、と潜在意識に命令していることになってしまいます。**

「私はうまくいかない」「お金がない」などという言葉をいつも口にしたり、心の中で思っていると、潜在意識は言われたとおりに反応します。

私は○○できない。
私は○○してはいけない。
私は大事なときに失敗する。
世界は私に与えてくれない。
私は愛されない。
人生はつらい。
世界は冷たい。
人間は怖い。

お金は苦労しないと手に入らない。

こんな、望んでもいない思い込みにはさよならしましょう！

潜在意識は、「いやいやその思考は違うんじゃないの？　こっちの思考のほうがいいよ」と教えてくれたりはしません。潜在意識は本当に素直に、その人が思っている思考を現実化しようと働いてくれるのです。

自分で自分の人生に制限をかけるのはもうやめて、望まないことよりも、「健康」「豊か」「幸せ」といった、人生において**「望むもの」をインプット**していきましょう。


「しまった！」というとっさの反応のあとは少し気持ちを鎮めて、「本当になりたい自分の姿」を思い出してくださいね。

朝、早い時間に起きてゆっくり支度をしている自分、会議に余裕を持って出席している自分を、頭の中に作りあげましょう。

抱えている仕事が多すぎ!

必要 **受け取り力**

「いやもう無理! 助けてドラえも~ん!」

「喜んでさせていただきますとも!」

「○○しなくては」ではなく**「させていただく」**。「こうすべき」ではなく**「こうしたい」**。無理やりでもいいから、こう変換してみましょう!

「会議の資料をまとめなくては」を「会議の資料をまとめさせていただきます」に。「掃除も洗濯もしてご飯も作らなくちゃ」を「掃除、洗濯、料理、喜んでさせていただきます!」に。

ヤケクソでもいいんです。やるべき仕事があふれているなんて、なんだかとっても**「生きてる感」**があるじゃないですか!

せっかくなら、切羽詰まっている今も、楽しんでしまいましょう!

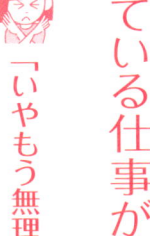

必要 現実は知らん力

占いで良くないことを言われた

「やっぱり占い師さんの言うとおりダメダメなんだ……」と
いつまでも落ち込む
「私の不安な気持ちを言葉にしてくれたんだ！」

望んでないことを言われて、一時的に落ち込むぐらいなら問題ナシ！
だけど落ち込んだあとは、切り替えて「望むほう」を見る癖をつけましょう。

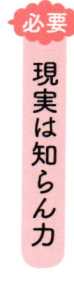

ちょっと考えてみてください。
占いで「素敵な彼と出会いますよ！」と言われたら、もちろん嬉しいし、励みになりますよね。
それをプラスのパワーにできれば、もちろんプラスの作用が働きますが、「占い師さんに素敵な彼と出会うって言われたから大丈夫！」と特に自分磨きもせず、毎日毎日ぐうたら過ごしていたら……？

たとえ素敵な人と出会ったとしても、残念ながら結ばれずに終わってしまうかもしれません。

逆に、占いで「素敵な出会いはないですね」と言われても、**「そんなのイヤだ！素敵な人と出会いたい！」**と素敵な彼と出会うことを夢見て毎日妄想をし、キレイになるために努力もしたら……？

こちらのほうがよっぽど、素敵な彼ができそうですよね。

占いで言われた言葉に依存してしまうのではなく、**どんなことを言われてもプラスのパワーにしてしまう**ぐらいの気持ちでいましょう！

必要

現実は知らん力

引き寄せの法則を実践してるのに、現実が変わらない

「こんなに頑張ってるのに、何もいいことがないなあ」

「もう少し続けてみよう！」

「誰かが私の世界を変えてくれる」「何かが私の願いを叶えてくれる」

このように、どこか**受け身な人は基本的に「待ち」の姿勢になっているので、現実化が遅い**傾向にあります。

思考を放ってから、それが現実に反映されるまでには、やはりある程度の時間はかかるため、確かに「待つ」ことも必要です。

今、目の前のできることを一つひとつやりながら、あとはにやにやして現実化を待つ。

これが正しい姿ですが、とはいえ、何もやらないでただ待っているだけでは、世界は変わってくれません。

「私の願い、あとどれくらい待ったら叶うの〜?」(私の願い、誰でもいいし何でもいいから早く叶えてよ〜)

という人よりも、

「私が私の現実を変えていくんだ!」

という思考を持っている人のほうが、その思考がきちんと行動に反映されていくので、現実は早めに変わっていきます。

また、「頑張ったから」「努力したから」現実が変わるわけではありません。

引き寄せるのは、あくまで自分の「波動」です。

「頑張ってるオーラ」を出し続けていたら、「この人は頑張るのが好きなんだな」と、ますます頑張らなくてはいけない現実が呼び込まれます。

頑張るよりも、毎日を楽しく生きる。そうすることで「この人は楽しく生きるのが好きなんだな」と、ますます楽しく生きられるような現実がやってきますよ。

必要 **受け取り力**

自分の夢がわからない

「何か探さなくちゃ！」

「夢は探すものじゃなく、見つかるもの！」

夢や願いがわからないときは、**「今、目の前のことを精一杯やるミッション」**をやってみましょう。

仕事があるなら、仕事を一生懸命やる。家事があるなら、家事を一生懸命やる。

今お店にいるなら、「ありがとう」と言って、店員さんを笑顔にしてみる。

今家にいるなら、家族を笑顔にするには何ができるか考えてみる。

そんなことを繰り返しているうちに、「自分にできること」と「自分が好きなこと」が生まれてきます。**「できること」よりも「自分が好きなこと」をやる時間を増やしてみてください。**

お腹が痛いのに、トイレが近くにない!

必要 現実は知らん力

「ヤバイヤバイヤバイ!」

「いや、まだ限界じゃない!」

「今が限界だと言えるうちはまだ限界ではない」(『リア王』)と、シェイクスピアも言っていますが、人間が本当の強さを見せるのは、ピンチを迎えてからです。「最悪だ」と嘆くのは、本当に最悪な状況を迎えてからにしましょう。

実は、私も経験済みです。運転免許の試験を受けに行くバスの中、しばらく駅に停止しない電車の中など、何度も「もうダメだ」とあきらめかけましたが、人間、いざとなれば強いもの。

少し客観的な目線になって、今の状況を実況してみましょう。

実況「かなり大きな波が来ている！　つらそうだが大丈夫でしょうか！　今、かずみんさんのお腹を、たくさんのオーディエンスが応援していますよ！　おおっと！　ほんの少し楽になったー！」
解説「今のうちに深呼吸しておきたいところですね」
実況「はい、ここは落ち着きたいところですね！」
解説「さあ、あと5分のガマンですよ」
実況「なんとかあと5分のところまでやってきました！　さあ、今こそみんなの心を一つにして声援を送りましょう！　頑張れ！　大丈夫です！　おおっと！　ついに、ついに駅に到着しました！　ゴールはすぐそこです！　かずみんさん、またひとつ強くなったー！」
……こんな感じです。
そして、無事にピンチを乗り切ったら、今まで以上にお腹を大切にしてあげてくださいね。

買おうとしていたケーキが売り切れ!

必要 **受け取り力**

「あーあ、ガッカリ……」

「完売、おめでとう!」

売り切れていたのはあなたにとっては残念なことですが、そもそもケーキ屋さん側になってみてください。

「提供した商品がすべて売れる」なんて、なんとも嬉しい結果です。売り切れたことをきっかけに、クオリティーもますますアップするかもしれません。

「自分」に向いていた視点を「お店側」に変えてみる。このように、視点を切り替えるだけで、残念な出来事も嬉しい出来事に変化してくれます。

他人の喜びも自分の喜び。そんなふうに思えたあなたには、必ずまた幸せな出来事が訪れます。

必要
現実は知らん力

レジでお金が足りない！

「恥ずかしいし、最悪！」

「他に、私を待っている品物がある！」

あなたはバッグを買いに来ました。悩みに悩んで「うーん、これでいいかな」と手にしたバッグをレジに持っていったら、あら大変！　１００円お金が足りませんでした……。

でも、そんなときも大丈夫。もう一度店内をよく見てみましょう。

ん？　さっきは気がつかなかったのに、一目で気に入った素敵なバッグがありました。しかも、お財布に入っているお金で買える金額！

お金が足りなかったおかげで、最初に買おうとしていたものより、より安く、より良いものを買えたなんて。

お金が足りなかったということは、**「もっといいものが待ってるよ～」**というお知らせだったのです！

「やった！　節約できた！」

え！　お財布丸ごと忘れたですって！　そのおっちょこちょいっぷり、第二のサザエさんですね！

でも、良かったですね。お金を使わずに節約できましたよ。

今日使わなかったお金が積もり積もって、いつかは１００万円になります。そのときを楽しみに過ごしましょう！

財布をなくしちゃった……

必要 **妄想力**

「これにも何か意味があるんだ。この出来事を通して私に何を教えようとしてるんだろう?」
財布が手元に戻ってきたところを妄想

財布をなくしてしまった現実を、思考と絡めて難しく考えるより、まずは思い当たる場所を探しましょう。

無意識のうちにどこかに置いてしまって、意外な場所に隠れているかもしれません。

どうしても見つからなければ、交番に届けましょう。

そのうえで、自分の手元に無事に財布が戻ってきたところを妄想してください。

あなたの思考が「財布をなくす」という現実を引き寄せたというより、**忙しくしていて財布を管理する余裕がなかった。ただそれだけのこと**で、それ以上の意味はありません。深く考えすぎるのはやめておきましょう。

必要
妄想力

大事な書類をなくしてしまった!

「私はいつも大事なものをなくす……課長にも怒られるし……」とあれこれネガティブ要素を思い浮かべてしまう

「1年後には解決してる!」

大事なものをなくしてしまったら、パニック状態になってしまいますよね。

そして、「大事な書類をなくした」という事柄と関連づけて「上司に怒られる」「私ってだらしないな」「いつもこう」と過去の失敗まで遡ったり、良くない未来を予知してしまったりと、頭が大忙しになります。

でも大丈夫。上司には怒られてしまうかもしれませんが、なんとかなります。

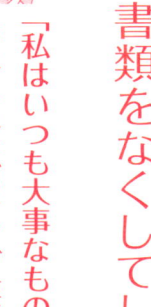

なくしてしまったことはショックですが、あれこれと頭の中でネガティブ要素を育てるよりも、少しでもホッとできることに意識を向けてみましょう。

そして、「1年後も今と同じように困っているかな」と、**1年後の未来**に思考を飛ばしてみましょう。
今これだけ頭を悩ませている書類についても、**1年後にはきっとなくしたことすら忘れているはず**です（1年後、また大事な書類をなくさないように気をつけなければいけませんが……）。

誰にだってうっかりはあります。
次から気をつけましょう！

不吉な出来事があった!

必要 **現実は知らん力**

「ヤバイ! 気をつけなきゃ!」

「まあ、そういうこともあるよね〜」

「コップが割れてしまった」「急に鏡が割れた」「靴紐が切れた」……。

こういった出来事に過剰に反応して「これ、何かのお知らせですか!?」「コップが何かの危険から私を守ってくれたのですか?」というようなご質問が届くことがありました。

でも、はっきり申し上げて**「考えすぎ」**です。

誰だってこれぐらいのことは一度や二度、経験しています。

深く考えるより、ケガをしないように慎重に、割れたコップのあと片づけをしましょう!

引き寄せの法則を理解してもらえない

必要 現実は知らん力

「絶対理解してもらわなきゃ！　次はこの本を読んでもらう！」

「人は人。別にいいや」

実は私の夫も、私のブログや書籍を一切読んだことがありません。引き寄せの法則や潜在意識の類についても、それほど興味を持っていない、どちらかといえば現実主義の夫の横で、「現実は知らん」を合言葉に妄想ばかりしている妻。それでも何の支障もない、と思っていましたが、私がものすごい勢いで願いを叶えているのを目の当たりにして、夫も「夢見ること」の楽しさ、大切さをわかってきてくれたようです。

誰かを変えようと躍起になるよりも、とにかく自分が人生を楽しむこと。

そうすることで他人が変わってくれることは確実にありますが、「変わらなくてもいい」とおおらかな気持ちでいることも大切ですよ。

必要 受け取り力

未来がまったく見えない……

「この先もいいことなんてないのかな……」

「人生はドラゴンクエストだ!」

「この先もいいことなんてない」というのは、「この先もいいことなんていりません!」と潜在意識にオーダーしているのと同じこと。

先がわからないからこそ、人生は面白いんです。一度クリアしたドラゴンクエストをもう一度やってみてください。一度クリアしたドラクエは、ストーリーも展開もわかっているだけに、初めてやるときほどワクワクはしないはずです。

人生も同じ。100歳まで生きたとして、100年の時間が与えられているのです。未来が決まっていないことにワクワクし、自由に冒険して、いろんなことの経験値を上げてくださいね。

いつも何かに悩んでばかり……

必要
現実は知らん力

「なんで私ばっかりいつも悩んでるんだろう」

「ふふふ！　そう来ましたか！　ふふふふふ！」

「こうなりたい」という願いがあるからこそ、人は「今」とのギャップに悩みます。

少女漫画の主人公も、必ず悩みますが、主役だからこそ、いろいろ起こるのです。

ただの脇役に、ピンチは訪れません。

ピンチがやってくるのは、あなたがあなたの人生の主役だから。

そして、**乗り越えられる力を持っているから**です。

ピンチがやって来て悩むようなことがあっても、「こう来ましたか！」と笑っておきましょう。

きっと1年後には、今の悩みも笑い話になっていますよ。

「悩んでますけど、それが何か?」

悩むのが好きで、悩むのが趣味みたいな人もいます。
そういう人は、飽きるまで悩んでおきましょう。
悩みながらでも、笑うことだってできるし、幸せにだってなれる。
「悩んで何が悪い!」ぐらいの気持ちでいてください。

つらい過去を忘れられない……

「早くこんな過去、忘れなくちゃ」

「だからこそ、今の自分がいる」

必要 **受け取り力**

過去に起きたことは変えられないけど、考え方はいくらでも変えることができます。

そして、誰よりも傷つき悩んだ人は、その分、大きな優しさを持っています。

私も、妄想ばかりしていて自分の世界に閉じこもる癖があり、友達付き合いが苦手でした。人前でうまく笑うこともできなくて、小学校6年間の生活の中で、学校で声を出して笑ったのは3、4回ほど。卒業アルバムの写真撮影のときすら笑うことができず、ムスッとしています。

何ひとつ楽しいことがなかった小学生時代。そう思っていましたが、小学生のとき笑えなかった分、今それを取り戻すかのように毎日たくさん笑っています。

つらい経験をしたからこそ、「幸せ」のレベルが下がり、ささやかなことでも大きな幸せを感じられるようになったんです。

「毎日ちゃんと学校に行く」。すごい!

「学校でニコニコ笑う」。すごい!

「給食を全部食べる」。すごすぎる!

私にとっては全部、当たり前にはできなかったこと。だから、毎日学校に行ってニコニコ笑って給食を食べて帰ってくる娘を心からすごいと思うし、それだけで本当に幸せを感じられるんです(本当は、「生きている」だけで幸せなんですけどね)。

「もしあなたがこれまでに泣いたことがないとしたら、あなたの目は美しいはずがないわ」とは、イタリアを代表する女優、ソフィア・ローレンの言葉です。

つらい過去を経験したからこそ、より多くの幸せを見つけることができる。

闇から出てきたからこそ、より光り輝ける。私はそう思っています!

つらい過去を乗り越えよう、忘れようとするよりも、未来をより良いものにしてみましょう。

おわりに

キレイな桜が咲いていました。

ある人は、「なんてキレイなんだろう」と感動し、とても幸せな気持ちになりました。またある人は、桜の木の下に落ちていたゴミを見て「汚いなあ」とイヤな気持ちになりました。

2人が体験した出来事は同じです。見ているものも同じです。

違ったのは、受け止め方。

「美しく、優しいもの」に目を向けることが習慣になっている人は、まず美しいものを見つけます。

「不満」に目を向けることが習慣になっている人は、「不満を感じるもの」を見つけます。

「現実が、不満にあふれている」のではなくて、自分の心の中が不満でいっぱいになっているから、現実でもそれが反映されているのです。

出来事も人も、現実をつくっているのはあなた

自分の中にある思考が良いものであれば、潜在意識は現実でも、良いものを見せてくれます。

それは現実に起きた出来事も、人を見るときも同じ。

不満が心の奥深い場所にある人は、無意識に現実の悪い部分や、相手の悪い部分ばかりに目が行ってしまったり、悪いように受け取ってしまいます。そして「何もいいことがない」「私の周りはイヤなヤツばっかり」なんて言ってしまう。

「良いものを見よう」としている人は、無意識に現実の中の良い部分や、相手の良い部分を見つけようとします。そして「今日もいいことがあったな」「私の周りは優しい人ばかりだな」と言います。

「世界が優しくないからイヤな気分になる」のではなくて、「自分がしょっちゅうイヤな気分になっているから、世界が冷たく見える」のです。

「現実→思考」ではなくて、「思考→現実」。この順番に、間違いはありません。

ここまで、いろいろな場面での妄想レッスンについてお話ししてきました。

実は私は、根っからのポジティブ思考でもなんでもなく、超心配症のネガティブ気質です。外出すれば「お腹が痛くなったらどうしよう」と心配し、「鍵はちゃんと入ってるかな」と何度もバッグを確認し、挨拶した人が返事を返してくれなかったら「あれ、私何か変なことしたかな」と不安になる始末。

何度もお話ししたように、「とっさの反応」は仕方がありません。辛いものを食べて「辛っ！」と感じる人と、「おいしい」と感じる人に分かれるのと同じこと。同じ出来事が起きても、笑って済ませることができる人と、どん底まで落ちてしまう人がいる。違いはそこです。

私は間違いなくどん底まで落ちてしまう人でしたが、「とっさの反応」のあとに切り替えることができるようになりました。

おかげで、毎日がなかなか楽しいものになりました。

いつでもどこでも気軽に「妄想」を！

私のライフワークである「妄想」についてもう少しお話ししますね。

私自身は、1時間仕事をしたら5分妄想、おやつの時間に15分妄想などと、きっかりスケジュールを決めて妄想しているわけではありません。

妄想力を高めるために、わざわざ「妄想の時間を設ける」必要はないんです。

妄想は「やらなくてはいけないもの」ではなくて、あくまで楽しむもの。今、幸せを感じるための行為です。

少し、目の前の作業に疲れてしまったら頭の中で南の島に旅立って妄想してみる。

憧れのホテルのサイトを眺めてうっとりしてみる。

好きな人に抱きしめられているところを妄想して幸せを感じる……。

そんなことで十分なんです。

朝起きた瞬間に、太陽の光が自分の中に入ってくるのを妄想。

トイレに入っているときは、行きたい場所に旅行に行っているところを妄想。

朝食を作りながら、50万円が入っている自分の財布を妄想。

通勤途中は、ナイスバディになっている自分の姿を妄想して歩く。

仕事の合間は、好きな彼のことをこっそり妄想。

仕事の帰りに寄ったお店で「気に入ったものを全部買える自分」を妄想。

そして入浴タイムには、自分の体の細胞が若返っている妄想……。

妄想に制限はありません。好きなようにいつでもどこでもやってください！


そして、私が何よりおすすめしたいのが、**寝る前の妄想タイム**です。

寝る直前の10分前などは、体も頭も疲れていて、顕在意識はもうヘトヘト。

人は1日に6万回も思考しているというのですから、そりゃあ脳も疲れているはずです。1日頑張ったのですから、顕在意識のHPは2ぐらいでしょう。

寝る前は自覚できる意識（顕在意識）が弱くなり、潜在意識のパワーが大幅にアップします。

ということは、顕在意識が余計な邪魔をしないので、この時間帯に思い描いた映像は、潜在意識に届きやすいのです！

「寝る前10分」は言い換えると、「とっても暗示にかかりやすい時間帯」とも言えますね。

この時間に、その日にあったイヤなことを思い出すのはやめましょう。ちゃんとしたことを考えるのはやめて、すべての願いが叶った妄想の世界に旅立ち、そのまま眠ってください。

送られてきた映像、自分が感じた感情を潜在意識がしっかりキャッチし、それを現実のものにしようと働いてくれますよ。

どうか、自分の毎日を、幸せな妄想で満たしてください。妄想が、現実をつくります。あなたの毎日が、幸せなものになりますように。

令和元年6月

かずみん

装丁◉原田恵都子（Harada + Harada）
カバー挿画・マンガ◉福田玲子
本文デザイン・DTP◉桜井勝志
編集◉飯田健之
編集協力◉大西華子
松山久

妄想レッスン
「現実は知らん力」で未来を変える！

2019年8月9日　第1版第1刷
2019年9月5日　第1版第2刷

著　者　かずみん
発行者　後藤高志
発行所　株式会社廣済堂出版
〒101-0052東京都千代田区神田小川町2-3-13M&Cビル7F
電話 03-6703-0964（編集）　03-6703-0962（販売）
FAX 03-6703-0963（販売）
振替00180-0-164137
URL　http://www.kosaido-pub.co.jp

印刷所
製本所　株式会社廣済堂

ISBN 978-4-331-52242-4　C0095